Reihe ETIKETT

D – 60318 Frankfurt am Main
Eckenheimer Landstraße 57 B

Herausgeber und Verlag bedanken sich sehr herzlich
für die folgenden Abdruckerlaubnisse

Gestaltung : Urs van der Leyn, Basel
Lithos : msp Satz + Graphik GmbH, Berlin
Gesamtherstellung : Interdruck, Leipzig
Printed in Germany

Reihe ETIKETT
ISBN 3 929232 30 8

Die Brille des Autors

Für die freundliche Unterstützung
bei der Herstellung des vorliegenden Buches
bedanken sich der Herausgeber und der Verlag
sehr herzlich bei der Firma CARL ZEISS,
Aalen und Oberkochem/Württemberg

Die Brille des Autors

Eine literarische Anthologie herausgegeben von Ulrich Faure

Günter Grass Italo Calvino Leonardo da Vinci Jethro Tull Till Eulenspiegel Elias Canetti Christian Morgenstern Felix Pollack Johann Wolfgang von Goethe Klaus Roehler Josef Roth Max Frisch H. C. Artmann Aldous Huxley Alfred Andersch Umberto Eco Erich Kästner Christoph Asendorf Karl Valentin Fritz Vahle Georg Chr. Lichtenberg Thomas Schwab Heinz Erhardt Heinz Rudolf Kunze Franc-Nohain Wilhelm Busch Robert Lowell Ingeborg Bachmann

axel dielmann — verlag

Frankfurt am Main

Inhaltsverzeichnis

Einleitung

Es ist wahrscheinlich, daß die ersten Brillen gegen Ende des 13. Jahrhunderts bei Pisa aufkamen. Jedenfalls findet sich schon in den Notizen eines Mannes namens Sandro di Popozo um 1289 die stolzgeschwellte Bemerkung, daß er derjenige sei, der eine der ersten Brillen besäße. Dabei waren die ersten Brillen bloß Brillengläser, deren wundersame Wirkungen man schon im ersten Jahrtausend kannte. Die Erfindung des Brillengestells ließ noch auf sich warten, nahm dann aber eine um so stürmischere, heißt gestaltenreichere Entwicklung. Da man anfangs Glas noch nicht blasenfrei gießen konnte, zog man geschliffene Halbedelsteine als frühe Linsen heran, vor allem Bergkristall und Beryll. "Beryll" – "berille" – "Brille" ist denn auch die Herleitung, die viele Sprachforscher erkennen.

Mit der Herkunft des Wortes hat man sich aber noch kein scharfes Bild gemacht von der langen und imposanten Geschichte der Brille. In den bedeutenden historischen Sammlungen, welche sich mit der Dokumentation der Sehhilfe beschäftigen – etwa im Optischen Museum Oberkochem der Firma Carl Zeiss oder im Optischen Museum Jena –, findet man das eigentliche Material zur Geschichte des genauen Blicks vor; und dennoch entfalten die klug ersonnenen

und kostbar ausgestatteten Exponate zur Brillen-Geschichte ihren ganzen Reichtum erst in den vielen kulturgeschichtlichen Werken, denen sich die Brille aufgesetzt hat.
Wie man an dem "fischäugigen Experiment" des Leonardo da Vinci oder an Eulenspiegels trickreicher Wortdreherei in diesem Band sieht, war die Faszination, die von der Brille ausging, außerordentlich. So groß muß die Verwunderung über die Augensteine gewesen sein, daß die meisten Menschen – wie bei fast allen bahnbrechenden Neuerungen – zunächst einmal in Abwehrstellung gingen. Die Augengläser wurden verteufelt.
Für Sebastian Franck (1499-1542; Zeitgenosse von Sachs) war klar: Der "parillenseher" ist ein Scharlatan, kann nur als zweifelhafter Alchimist und Wahrsager betrachtet werden. Denn "die Brillenseher" waren die, welche in die magische Glaskugel starrten, um die Zukunft zu sehen. Passend hieß "jemanden brillen" so viel wie, ihn hinters Licht zu führen, ja in Volksliedchen "brillten" Frauen ihre allzu müden Männer mit ansehnlichen Nachbarsburschen. Wenn Goethe gegen 1800 gelegentlich sprach "Das sind Grillen" und meinte, jemand habe Schrullen, so hieß 300 Jahre früher "Das sind Brillen", daß ein Betrug vorliege. Hat vielleicht die neumodische "Brillenschlange" noch unter solchen Verteufelungen zu leiden?
Der Siegeslauf der Brillen (zeitweise im Plural benutzt, weil es zunächst durchaus nicht selbstverständlich war, daß man gleich zwei der teuren Beryll-Gläser über der Nase trug) ließ sich indes nicht aufhalten. Vielleicht markiert es einen Wendepunkt, wenn Ni-

kolaus von Kues ein Werklein des Titels »De beryllo« vorlegte, worin er 1458 erklärte: "Der Beryll ist ein glänzender, weißer und durchsichtiger Stein... und wer durch ihn hindurchsieht, berührt zuvor Unsichtbares." Gut sichtbar liebte es Luther, wenn er auf einiger Bibeltreue bestand und auf einen ungetrübten Blick qua Brille verwies: "Lieber herr, setzet die brillen auf die nasen und sehet den text recht an." Die von der 1968er Generation gefundene Empfehlung "Look sharp" ist jedenfalls nicht neu und gewissermaßen von der frühen Brille inspiriert: Schon in der Sammlung von Schwänken und Possen »Schimpf und Ernst« aus dem Jahre 1522 findet sich der Leitsatz "Kurze lehr und warnung finstu hie, / allein setz brillen auf und sieh." Der liebenswürdige Eduard Mörike, Pfarrherr und Dichter im Schwäbischen, mag sich hierüber gefreut haben; die Brille des »Stuttgarter Hutzelmännchens« selbst (Titel seiner Märchenerzählungen) findet sich ebenso im Optischen Museum Oberkochem wie die Konterfeis zahlreicher bebrillter Kirchenmänner, und selbst die Elfenbeinbrillen japanischer Mönche können in Oberkochem in Augenschein genommen werden. Klaus Jürgen Haller weiß in seinem vergnüglichen Buch »Wörter wachsen nicht auf Bäumen« zu berichten, daß der Elsässer Prediger Geiler von Keisersberg (1445 – 1510) gerne wutschnaubte: "Setzent die brillen uf", wo er geistige und geistliche Kurzsichtigkeiten gewahrte.

Zwar erfanden die Richter im alten China gewissermaßen eine Sonnenbrille, mit der sie beide Augen zudrücken konnten: sie setzten sich berußte Quarzscheiben vor die Augen, um nicht vom "Ansehen" einer

Person sich in ihrer Urteilsfindung trüben zu lassen. Dennoch war es in Europa die "normale" Sehhilfe, die als Zeichen von Weisheit und Bildung getragen und benutzt wurde. Entsprechend könnte man eine ganze Ahnengalerie der Brille zusammenstellen, wenn man alle epochalen Gemälde seit 1350 nebeneinander hängte: Wo immer ein Porträtierter als klug dargestellt werden mußte, wann immer die Helden eines großen Weltmoments Weitsicht erkennen lassen sollten, immer wurde ihnen von den Meistern der Malerei eine Brille aufgesetzt. Dabei gingen manche frühen Künstler so weit, daß sie im Rückblick selbst denjenigen Genies und Honoratioren Augengläser umbanden, die schon vor Erfindung der Brille gestorben waren.

Stellte man das Museum gemalter Brillen tatsächlich zusammen, so hätte man en passant eine Technik-Geschichte der Sehhilfe. Die früheste Gemälde-Brille hat Tommaso da Modena einem Fresko in Treviso eingeschrieben. Es bildet den Kardinal Nikolaus von Rouen bei der Lektüre ab, wozu der Geistliche sich eines einfachen Leseglases bedient. Circa 30 Jahre später, gegen 1380, schaut der Evangelist Lukas aus einem Initial einer handgeschriebenen Bibel heraus. Und in einem der genannten Vorgriffe in die Geschichte und zum Zeichen seiner Glaubwürdigkeit erhielt er eine Nietbrille aufgesetzt: die beiden lupenartigen Brillenhälften sind in der Mitte durch eine Niete miteinander verbunden, so daß der Evangelist ein umgekehrtes V über der Nase trägt. Eine sogenannte Scherbrille findet sich am Tucher-Altar, um 1450 in der Nürnberger Frauenkirche entstanden. Um

1520 malt Raffael den Papst Leo X. mit gestieltem Einglas. Eine schier riesenhafte Brille trägt der Büchernarr in S. Brants »Narrenschiff«, und macht damit den Gestellen der Filmdiven aus den 60er Jahren unseres Jahrhunderts frühe Konkurrenz. Großmeister in Sachen Riesenbrille war freilich der Expressionist Karl Schmidt-Rotluff, dessen in den 20er Jahren entstandene Selbstporträt-Brille fast den gesamten Bilderrahmen sprengt.

Wanderungen in der Brillen-Galerie würden noch viele weitere historische Brillenformen entdecken lassen. Da wäre die Fadenbrille, welche den Gläserrahmen mit zwei Fadenschlingen an den Ohren anbindet und so vor den Augen hält, da gäbe es Schläfenbügel- und Ohrenbügel-, ja auch noch Schlitzbügelbrillen. Man fände Lorgnetten, Zwicker, Kneifer, Klemmer, dazu Einschlaggläser, die man – Gott behüte – nicht einschlagen soll, sondern in sich zusammenklappt, und Scherenbrillen, die nicht schneiden. Es fänden sich Hornbrillen, Messingbrillen, Nickelbrillen. Daneben welche aus Eisen, aus Kupfer und aus Gold, ziseliert oder mit Edelsteinen in beliebiger Finesse und Opulenz besetzt. Brillen mit Gläsern aus dem Teastein, einem dunkel gefärbten Quartz, fänden sich in die Gesichter chinesischer Mandarine gemalt, und den Holzschneider Tobias Stimmer sähe man gar um 1559 mit Staunen einer Frau eine "Mützenbrille" überstülpen.

All diese künstlerisch umgesetzten Etappen der Brillengeschichte kann man ansonsten auch im Museum von Carl Zeiss in Oberkochem besichtigen. Und dabei würde man recht viele Exponate finden, die auf den

Nasen einflußreicher und tiefgehender Philosophen und Autoren saßen. Neben der schon recht bescheiden kleinen Brille Mörikes die regelrecht asketische Drahtbrille des Humanisten Hieronymus Wolff, die er bei seiner Philohophen-Arbeit in den Jahren um 1555 trug, und viele andere mehr. Vergegenwärtigt mach sich bei solchem Rundgang die Jahreszahlen, so sticht es förmlich in die Augen, daß die Entfaltung der frühen Brillentechnik parallel verläuft zu den Fortschritten des Buchdrucks und Bücherlesens. Die mit vorliegendem Band implizierte Verbindung der Schriftsteller mit ihrem Sehwerkzeug ist also auch in historischer Hinsicht keineswegs allzu kurzsichtig.

Die Autoren der Brille haben sich über die knapp 700 Jahre ihrer Existenz kaum bei den Formen der Brille aufgehalten. Sie waren vielmehr auf die Wirkungen des Durchblicks aus, waren der neuen Weltsicht auf der Spur, welche sich aus den Gläsern ergeben mochte. Ähnlich obiger Galerie ließe eine Bibliothek sich einrichten, in der über die – nein, durch die Brillen der Autoren zu schmökern wäre. Legion allein die Geschichten, in denen der Verlust einer Brille und die daraus erwachsende Sehschwäche zu abenteuerlichsten Verwechslungen und Verirrungen führt. Edgar Allan Poe stürzt den Protagonisten seiner »Spectacles« vor lauter Sehschwäche in die Verlobung mit seiner eigenen Ururgroßmutter. Vom Schwarzsehen nach Art der chinesischen Rechtsprecher bis hin zur rosaroten Brille der Hippi-Autoren und Beat-Poeten fände sich eine farbenfrohe Palette von Weltbildern. Max Frischs liebenswürdiger Gantenbein exploriert mit seiner dunklen Brille das Weltgefühl des Blinden, Plinius der

Ältere stellt uns Kaiser Nero quasi als "pink beatnik" dar, der sein Imperatoren-Auge allezeit mit seinem rosa Smaragd wappnete... Aber genug zitiert aus der Bibliothek der Brille. Sie haben einen Band daraus zur Hand genommen – lesen Sie, schauen Sie!

Die Brille

Okulares Labsal in Zeiten allgegenwärtiger Werbung:
Christian Morgenstern **schlägt eine Reduktions-Brille zum Abmildern des vielen Unfugs, der uns quält, vor**

Korf liest gerne schnell und viel;
darum widert ihn das Spiel
all des zwölfmal unerbetnen
Ausgewalzten, Breitgetretnen.

Meistens ist in sechs bis acht
Wörtern völlig abgemacht,
und in ebensoviel Sätzen
läßt sich Bandwurmweisheit schwätzen.

Es erfindet drum sein Geist
etwas, was ihn dem entreißt:
Brillen, deren Energien
ihm den Text – zusammenziehen!

Beispielsweise dies Gedicht
läse, so bebrillt man – nicht!
Dreiunddreißig seinesgleichen
gäben erst – ein – – Fragezeichen!!

Abenteuer eines Kurzsichtigen

In seinem Erzählband »Abenteuer eines Lesers« hat *Italo Calvino* **natürlich das schlimmste Abenteuer eines Lesers nicht vergessen: den Verlust seiner Brille – übersetzt von Nino Erné**

Amilcare Carruga war noch nicht alt und nicht mittellos, überdies ohne übertriebene materielle oder geistige Ansprüche: nichts hinderte ihn also, sein Leben zu genießen. Und dennoch begann dieses Leben, so spürte er, seit kurzer Zeit kaum merklich an Duft und Geschmack zu verlieren. Es waren lauter Belanglosigkeiten, wie zum Beispiel der Anblick der Frauen auf der Straße: früher starrte er ihnen gierig nach, jetzt hingegen blickte er nur instinktiv auf, und da ihm schien, als strichen sie flüchtig wie ein Windhauch vorüber, ohne das mindeste Gefühl in ihm zu erwekken, senkte er wieder gleichgültig die Lider. Die unbekannten Städte – es gab eine Zeit, da erfüllten sie ihn mit wilder Erregung, er reiste viel als Kaufmann... jetzt empfand er nur noch Überdruß dabei, die Konfusion, fehlende Orientierung. Früher ging er, der allein lebte, am Abend gern ins Kino und fand sein Vergnügen daran, gleichviel, was für ein Film gespielt wurde; für den, der oft ins Kino geht, rinnen alle Filme zu einem einzigen zusammen, zu einer Geschichte in Fortsetzungen, er kennt alle Schauspieler, auch die Stern chen und die kleinen Chargen, und schon dieses Wiedererkennen macht Spaß. Nun, auch im Kino erschienen ihm all die vielen Gesichter wie getüncht, flach, anonym; er langweilte sich.

Endlich begriff er. Es lag an ihm selbst: er war kurzsichtig. Der Optiker versah ihn mit einer Brille. Von diesem Augenbliek an veränderte sich sein Leben und wurde hundertmal reicher an interessanten Dingen als zuvor.

Schon das Aufsetzen der Brille war jedesmal ein Ereignis. Er stand etwa an der Haltestelle einer Straßenbahn, und ihn überkam tiefe Betrübnis, daß alles ringsum, Menschen und Gegenstände, so nebensächlich war, so banal, abgenutzt, und er selbst inmitten einer weichen Welt verschwimmender Formen und fast aufgelöster Farben. Dann setzte er die Brille auf, um die Nummer einer ankommenden Bahn zu erkennen, und schon änderte sich alles; die unbedeutendsten Dinge, selbst ein Telegraphenmast, zeichneten sich mit vielen winzigen Besonderheiten, mit ganz klaren Linien ab, und die Gesichter, all die unbekannten Gesichter, füllten sich mit kleinen Zeichen, eben hervorsprießenden Bartstoppeln, bewegten Mundwinkeln, Schatten des Ausdrucks, von denen er eben noch nichts geahnt hatte. Und jetzt sah er auch, aus welchem Stoff die Anzüge und Kleider gemacht waren; er ging mit den Augen dem Gewebe nach, entdeckte

abgeschabte Ärmel. Das Sehen wurde zu einem Vergnügen, einem Schauspiel – nicht die Betrachtung dieses oder jenes Dinges, sondern das Sehen. So kam es, daß Amilcare Carruga vergaß, auf die Nummern der Straßenbahn zu achten, und eine Bahn nach der anderen verpaßte oder in eine falsche Linie stieg. Er sah eine derartige Vielfalt von Dingen, daß es schien, als sähe er gar nichts mehr. Er mußte sich erst allmählich daran gewöhnen, mußte von vorn anfangen und lernen, was anzuschauen wichtig und was überflüssig war.
Wenn er nun den Frauen auf der Straße begegnete, die sich doch schon zu ungreifbaren Schatten verflüchtigt hatten, so war allein die genaue Betrachtung jenes Spieles von hervor und zurücktretenden Kurven, das ihre Körper in den Kleidern vollführten, die Abschätzung ihrer Hautfrische, die im Blick enthaltene Glut nicht nur ein Sehen, sondern geradezu ein Besitzergreifen. Er ging zum Beispiel ohne Brille dahin (denn er trug sie nicht ständig, sondern nur, wenn er in die Ferne blicken wollte), und da hob sich vor ihm auf dem Bürgersteig ein Kleid in lebhafter Farbe ab. Mit einer schon automatischen Handbewegung zog Amilcare die Brille aus dem in seiner Innentasche und setzte sie auf die Nase. Oft mußte er seine straflose Genüßlichkeit dennoch bezahlen: es war eine Alte. Amilcare Carruga wurde vorsichtiger. Und wenn ihm jetzt eine entgegenkommende Frau nach Farbe und Bewegung zu bescheiden, zu unbedeutend erschien, als daß es sich lohnte, sie in Augenschein zu nehmen, kam es vor, daß er die Brille gar nicht erst aufsetzte; trafen sie sich dann und streiften sich fast in der Be-

gegnung, bemerkte er jedoch, daß an ihr irgend etwas war, das ihn stark anzog, und er glaubte in diesem Augenblick einen Blick ihrer Augen aufzufangen, in dem Erwartung stand, und vielleicht hatte sie ihn schon beim ersten Anblick so angesehen und er hatte es nicht bemerkt; jetzt war es zu spät und sie war um die nächste Ecke gebogen oder in den Autobus gestiegen, jedenfalls außer Sichtweite, und er würde sie nicht wiedererkennen. So, von der Brille gelenkt, lernte er langsam das Leben.

Doch die neueste Welt, die ihm seine Brillengläser aufschlossen, war die der Nacht. Die nächtliche Stadt, vor kurzem noch in formlose Wolken der Dunkelheit und farbige Lichtflecken gekleidet, enthüllte jetzt eine klare Struktur, Vorsprünge, Durchblicke; die Lampen zeigten deutliche Umrisse, die Neonlicht-Leuchtschriften traten Buchstabe für Buchstabe hervor. Das Schöne an der Nacht lag aber vor allem in jenem Rest von Unbestimmtem, das im Gegensatz zum Tag doch immer übrigblieb; es geschah, daß Amilcare den Wunsch verspürte, die Brille aufzusetzen, um dann festzustellen, daß er sie bereits trug; das Gefühl der Fülle ließ stets noch eine Spitze der Sehnsucht in ihm, und die Dunkelheit war ein bodenloses Land, in dem er nie müde wurde zu schürfen. Er schaute von den Straßen empor, über die Häuser mit den Reihen gelber Fenster hinaus, in den gestirnten Himmel, und entdeckte, daß die Sterne nicht auf dem Grund des Himmels klebten wie ausgelaufenes Eigelb und Eiweiß, sondern haarscharfe Lichtstiche waren, die unendliche Entfernungen durchdrangen und rings um sich öffneten.

Diese neue Aufmerksamkeit, die er den Wirklichkeiten der äußeren Welt widmete, verband sich mit einer Sorge für sich selbst, die ebenfalls der Brille zu verdanken war. Amilcare Carruga hatte bisher nicht sehr auf sich geachtet, und doch war er, wie es gerade bei manchen bescheidenen Menschen vorkommt, übertrieben empfindlich, was seine Lebensweise betraf. Nun scheint zwar der Übergang von der Kategorie der brillenlosen Menschen zu der eines Brillenträgers unerheblich, und doch ist es bei genauerem Zusehen ein gewaltiger Sprung. Man denke nur einmal daran, daß jemand, der einen zu beschreiben versucht, vor allem anderen sagen wird: 'einer mit Brille' – dergestalt, daß diese Beigabe, die zwei Wochen früher noch gar nicht vorhanden und einem völlig fremd war, nunmehr zum ersten Attribut wird und mit dem Wesen des Menschen selbst verschmilzt. Amilcare jedenfalls ärgerte es ein wenig – dummerweise, wenn man so will –, daß er von einem Tag auf den anderen 'einer mit Brille' geworden war. Und ist das denn wirklich gar nichts? Genügt es nicht, um einem den Zweifel einzuflößen, daß alles, was einen angeht, im Grunde zufällig ist und sich plötzlich zu wandeln vermag und daß man völlig anders sein könnte, ohne daß dies etwas ausmachen würde. Von diesem Gedanken aus ist es nicht weit bis zu der Schlußfolgerung, daß es dasselbe ist, ob man überhaupt existiert oder nicht, und von da führt nur noch ein winziger Schritt zur Verzweiflung.

Als daher Amilcare ein Gestell für seine Gläser aussuchen mußte, entschied er sich instinktiv für ein ganz schmales, kaum mehr sichtbares, das nur aus zwei dünnen versilberten Bügeln bestand, die den nackten Gläsern auf dem Nasenrücken Halt gaben. So blieb es eine Weile, dann stellte Amilcare fest, daß er sich damit nicht wohl fühlte: wenn er sich unversehens in einem Spiegel erblickte, empfand er lebhafte Abneigung gegen sein Gesicht, als wäre es das Gesicht einer ihm völlig fremden Menschengattung. Gerade diese so diskreten, leichten, fast weiblichen Gläser machten ihn zu einem mit Brille, zu einem Geschöpf, das sein Leben lang nichts anderes getan hatte, als eine Brille zu tragen, und es nun schon selbst gar nicht mehr spürte. Diese Brille schlich sich als Teil in seine Physiognomie ein, wurde eins mit seinen Zügen, und so verlor sich jeder natürliche Kontrast zwischen dem, was sein Gesicht war ein beliebiges Gesicht, aber immerhin ein Gesicht und dem, was ein fremder Gegenstand war, ein Produkt der Industrie.

Er mochte diese Brille nicht, und daher dauerte es nicht lange, bis sie hinfiel und zerbrach. Er kaufte eine andere. Und diesmal traf er eine entgegengesetzte Wahl: er nahm eine mit einem Gestell aus schwarzem Kunststoff, einem zwei Finger breiten Rahmen, dessen Ränder an den Scharnieren wie die Scheuklappen eines Pferdes vom Schläfenknochen abstanden, eine Brille mit schwer lastenden Bügeln, die einem die Ohrmuschel herabdrücken. Es war geradezu eine Art Halbmaske, und trotzdem fühlte er sich darunter als er selbst: es gab keinen Zweifel daran, daß die Brille ein Ding war und er etwas anderes, das nieht das geringste damit zu tun hatte; es war klar, daß er nur zufällig und gelegentlich die Brille trug und ohne sie ein ganz anderer Mensch war. Und so kehrte er – für so lange, wie seine Natur es ihm erlaubte – zur freudigen Zufriedenheit zurück.

In dieser Zeit mußte er einmal geschäftlich nach V. reisen. V. war Amilcare Carrugas Geburtsort und er hatte dort seine Kindheit und Jugend verbracht. Seit zehn Jahren jedoch war er nur noch gelegentlich und immer seltener in V. gewesen, und jetzt war es auch wieder mehrere Jahre her seit seinem letzten Besuch. Man weiß ja, wie das ist, wenn man sich aus einem Milieu löst, in dem man lange gelebt hat: kehrt man nur noch manchmal zurück, in großen Zeitabschnitten, so sieht man, daß die Straßen, die Freunde, die Gespräche im Café entweder alles sind oder nichts mehr; entweder man sucht sie Tag für Tag auf oder findet überhaupt keinen Zugang mehr, und der Gedanke, sich dort nach so langer Zeit blicken zu lassen, gibt einem eine Art Stich und man verjagt ihn schnell wieder.

So war Amilcare nach und nach davon abgekommen, eine Gelegenheit zur Heimreise zu suchen; dann hatte er sie, wenn sie sich bot, des öfteren versäumt, und am Ende war er ihr geradezu ausgewichen. Doch in letzter Zeit war zu der gewöhnlichen schrittweisen Entfremdung auch jene allgemeine Unlust hinzugekommen, die er mit dem Fortschreiten seiner Kurzsichtigkeit identifizierte. Jedenfalls ergriff er nun, da er sich mit der Brille in einem neuen Gemüts- und Geisteszustand befand, die nächste Gelegenheit beim Schopf und reiste nach V.

Die Stadt erschien ihm in einem ganz anderen Licht als beim letzten Besuch. Und dies nicht auf Grund von Veränderungen; gewiß, sie hatte sich in manchem gewandelt, überall standen Neubauten, er sah andere Cafés, Läden und Kinos als früher, eine neue Jugend war herangewachsen, und der Verkehr hatte sich verdoppelt. Gleichwohl betonte dieses Neue das Alte nur und ließ es deutlicher hervortreten; es gelang Amilcare zum erstenmal wieder, die Stadt mit den Augen seiner Kindheit anzusehen, als habe er sie gestern erst verlassen. Mit der Brille sah er eine Unzahl nebensächlicher Einzelheiten, zum Beispiel ein bestimmtes Fenster, ein Treppengeländer, oder aber er sah es jetzt mit Bewußtheit, er konnte es aus all dem übrigen herausheben, während er es damals einfach angesehen hatte und damit genug.

Gar nicht zu reden von den Gesichtern: ein Zeitungsverkäufer, ein Rechtsanwalt, dieser und jener, manche waren offensichtlich gealtert. Das waren die echten Familienangehörigen von V. Amilcare hatte selbst keine Verwandten mehr, und der engste Freundeskreis war längst in alle Winde zerstreut. Immerhin gab es noch zahllose Bekannte, das war ja in einer so kleinen Stadt gar nicht anders denkbar – klein war sie zumindest damals gewesen, als er hier lebte – jeder kannte jeden, wenigstens vom Ansehen. Inzwischen war die Bevölkerungszahl stark gestiegen, es hatte, wie in allen günstig gelegenen Städten Norditaliens, ein Zustrom von Süden eingesetzt, weshalb die meisten Gesichter, denen, Amilcare begegnete, ihm nichts sagten. Um so deutlicher unterschied er auf den ersten Blick die alten Einwohner; Anekdoten kamen ihm ins Gedächtnis, Beziehungen, Spitznamen.

V. gehört zu den Provinzstädten, in denen die Gewohnheit herrscht, abends auf der Hauptstraße zu promenieren, und hieran hatte sich seit Amilcares Zeiten nichts geändert. Wie es in solchen Fällen meist zu sein pflegt, war einer der beiden Bürgersteige mit einer besonders dichten Menschenmenge angefüllt, während auf dem anderen nicht so viele dahingingen. Amilcare und seine Freunde waren aus einer Art Nonkonformismus immer auf der weniger belebten Seite gegangen, und von dort aus hatten sie den Mädchen auf dem anderen Bürgersteig Blicke und Grüße und Scherzworte zugeworfen. Er fühlte sich jetzt in einem ähnlichen Zustand, nur noch etwas aufgeregter, und schritt auf seinem Bürgersteig weiter, die Vorübergehenden musternd. Wenn er Bekannten begegnete, empfand er keine Verlegenheit, sondern Vergnügen, und er beeilte sich zu grüßen. Mit dem oder jenem wäre er auch gern stehengeblieben und hätte zwei Worte gewechselt, doch war der Verkehr so angewachsen, daß man nicht mehr halb auf dem Fahrdamm gehen und ihn, wo man wollte überqueren konnte wie früher; man mußte auf den schmalen Bürgersteigen bleiben wo sich die Menschen hastig aneinander vorbeidrängten. Man kam daher nur sehr schnell oder ganz langsam voran, je nachdem, ohne rechte Bewegungsfreiheit. Amilcare mußte sich dem Strom anschließen oder mühsam gegen ihn ankämpfen, und wenn er ein bekanntes Gesicht erblickte, fand er gerade noch Zeit, ihm einen Gruß zuzuwinken, ehe es verschwand, und er wußte nicht einmal, ob der andere ihn gesehen hatte oder nicht.

Da stieß er auf Corrado Strazza, seinen alten Klassenkameraden und Billardgenossen vieler Jahre. Amilcare lächelte ihn an und vollführte eine weite Armbewegung; Corrado aber kam näher und sah ihn dabei an, ohne ihn richtig wahrzunehmen, sein Blick glitt über ihn hin, und Corrado eilte weiter. Hatte er Amilcare tatsächlich nicht erkannt? Es war Zeit vergangen, doch Carruga wußte genau, daß er sich nicht wesentlich verändert hatte; es war ihm bis heute gelungen, einen Schmerbauch zu vermeiden und seine Haare zu behalten, in seinem Gesicht waren auch keine besonderen Veränderungen vorgegangen. Und da kam Professor Cavanna. Amilcare grüßte ihn auf andere Weise, mit einem kleinen Neigen des Kopfes. Der Lehrer machte zuerst Miene, instinktiv den Gruß zu erwidern, dann blieb er stehen und sah sich um, als suche er jemanden. Und das war Professor Cavanna mit dem berühmten Gedächtnis, das die Gesichter und Namen zahlreicher Generationen behielt, sogar die Rufnamen und die Zensuren! Endlich erwiderte jemand Amilcares Gruß, Ciccio Corba, der Trainer der Fußballmannschaft. Doch gleich darauf schlug er die Augen nieder und fing an zu pfeifen, als habe er irrtümlich den Gruß eines Unbekannten auf sich bezogen.

Es wurde Amilcare klar, daß niemand ihn erkennen würde. Die Brille, die ihm die übrige Welt sichtbar machte, die Brille mit dem riesigen schwarzen Rahmen, machte ihn unsichtbar. Wer sollte sich auch vorstellen können, daß hinter dieser Maske ausgerechnet Amilcare Carruga steckte, der seit so langer Zeit fern von V. lebte, den niemand von einem Augenblick zum anderen hier erwartete? Er war eben zu dieser Schlußfolgerung gelangt, als Isa Maria Bietti auftauchte. Sie ging mit einer Freundin zusammen an den Schaufenstern entlang, Amilcare trat ihr in den Weg, stand unmittelbar vor ihr, und schon wollte er sagen: Isa Maria! Doch die Stimme in seiner Kehle versagte, Isa Maria Bietti stieß ihn mit dem Ellbogen beiseite und sagte zu ihrer Freundin: "Merkwürdig, wie die Leute sich jetzt benehmen..." und schritt davon.

Nicht einmal sie hatte ihn erkannt. Plötzlich begriff er, daß er nur wegen Isa Maria Bietti zurückgekehrt, nur ihretwegen so lange von V. ferngeblieben war, daß alles, alles in seinem Leben und in der Welt nur wegen Isa Bietti geschah, und jetzt endlich sah er sie wieder, ihre Blicke kreuzten sich, und sie erkannte ihn nicht. Seine innere Bewegung war so groß, daß er gar nicht bemerkte, wie weit sie sich ihrerseits verändert hatte, ob sie dicker oder älter geworden war, ob der gleiche verlockende Zauber von ihr ausging wie früher oder ein geringerer oder stärkerer; nichts war ihm aufgefallen, als daß hier Isa Maria Bietti kam und Isa Maria Bietti ihn nicht gesehen hatte.

Er war an das Ende der Häuserzeile gelangt. Dort, an der Ecke der Eiskonditorei, oder noch eine Laterne weiter, konnte man umkehren und in entgegengesetzter Richtung gehen. Auch Amilcare tat dies, wie viele andere vor ihm. Und die Brille hatte er abgenommen. Jetzt war die Welt wieder zu einer undurchsichtigen Wolke geworden, und er mochte seine Blicke noch so angestrengt hineinbohren, er zog mit seinen Augen nichts an Land. Nicht, daß er niemanden erkannt hätte; an den bestbeleuchteten Stellen war er immer um Haaresbreite so weit, ein Gesicht zu entziffern; doch ein Zweifel blieb, ob er sich nicht vielleicht doch geirrt habe, und außerdem, was machte es schon aus, wer das nun wieder war oder nicht war. Jemand winkte, grüßte, es konnte ja sein, daß dieser Gruß ihm galt, doch Amilcare erkannte nicht recht, um wen es sich handelte. Noch zwei weitere Passanten grüßten, er wollte schon erwidern, hatte aber keine Ahnung, wer das war. Vom anderen Bürgersteig rief eine Stimme: "Ciao, Carrù!" Dem Tonfall nach mochte es ein gewisser Stelvi sein. Mit Befriedigung stellte Amilcare fest, daß man ihn erkannte, sich an ihn erinnerte. Doch war dies nur eine relative Befriedigung, denn er selbst sah niemanden richtig, die Leute verschwammen in seinem Gedächtnis, ein Mensch oder der andere, er konnte sie nicht mehr gut auseinanderhalten, und im Grunde waren sie ihm ziemlich gleichgültig. "Guten Abend", sagte er dann und wann, wenn er ein Nicken zu erspähen glaubte, eine Kopfbewegung zu ihm hin. Der dort, der ihn eben gegrüßt hatte, mußte entweder Bellintusi sein, oder Carretti oder auch Strazza. Wenn es Strazza war, hätte er wirklich ganz gern ein paar Worte mit ihm gesprochen. Doch nun hatte er seinen Gruß so eilig erwidert, und wenn er es genau bedachte, bestanden ihre Beziehungen auch aus weiter nichts als solchen konventionellen und flüchtigen Begegnungen.

Daß er seine Augen so heftig umherwandern ließ, hatte natürlich einen besonderen Grund: Isa Maria Bietti. Sie trug einen roten Mantel, folglich mußte man sie schon von weitem entdecken. Ein Weilchen folgte Amilcare einem roten Mantel, doch als es ihm endlich gelang, auf gleiche Höhe zu kommen, sah er, daß es nicht Isa Maria war, und inzwischen waren zwei andere rote Mäntel auf der gegenüberliegenden Seite der Straße vorübergegangen. In dieser Saison trugen viele Frauen Rot. Vorhin zum Beispiel hatte er in einem solchen Mantel Gigina gesehen, die vom Tabakladen. Jetzt grüßte ihn sogar eine Frau im roten Mantel zuerst, und Amilcare antwortete äußerst kühl, weil es sich bestimmt um diese Tabak-Gigina handelte. Dann überfiel ihn der Zweifel, es könnte vielleicht doch nicht Gigina, sondern Isa Maria gewesen sein. Aber wie war es denn möglich, Gigina und Isa zu verwechseln! Amilcare machte auf den Hacken kehrt, um sich zu vergewissern. Er begegnete Gigina, das war sie bestimmt, kein Zweifel; doch wenn sie jetzt von dieser Seite her kam, konnte sie es eben nicht gewesen sein. Er begriff überhaupt nichts mehr. Wenn Isa Maria ihn gegrüßt und er ihr derartig kühl geantwortet hatte, war seine ganze Reise, die ganze Erwartung, waren alle vergangenen Jahre sinnlos vertan. Hin und her ging Amilcare auf dem Bürgersteig, in dieser Richtung und in der entgegengesetzten, manchmal mit der Brille auf der Nase und manchmal ohne, zeitweilig teilte er Grüße aus, zeitweilig empfing er welche von nebelhaften, unkenntlichen Phantomen. Am anderen Ende der Promenade führte die Straße weiter und aus der Stadt hinaus. Da gab es eine Baumreihe, einen Graben, eine Hecke, und dann kamen die Felder. Damals war man mit einem Mädchen am Arm hierhergegangen, und auch wenn man allein war – dann fühlte man sich noch einsamer, auf einer Bank, umgeben vom Grillengezirp. Amilcare Carruga ging weiter; die Stadt hatte sich auch in dieser Richtung ein wenig ausgedehnt, etwas, nicht viel. Da war die Bank, der Graben, das Grillengezirp, wie früher. Amilcare Carruga setzte sich. Von der ganzen Landschaft ließ die Nacht nur ein paar Schattenbündel stehen. Hier war es völlig gleich, ob er die Brille aufsetzte oder nicht. Und Amilcare begriff, daß die freudige Erregung, die ihm seine Brille geschenkt hatte, vermutlich die letzte in seinem Leben war, und nun ging es zu Ende.

Wie Eulenspiegel ein Brillenmacher wurde und in allen Landen keine Arbeit bekommen konnte

Unter den vielen und zum größten Teil abenteuerlichen Betätigungen hat Hermann Bote seiner berühmten Schelmenfigur *Till Eulenspiegel* **den Beruf des Augenoptikers angedichtet. Der aber begnügt sich – wir schreiben ungefähr das Jahr 1510 – keinesweg mit dem Brillenschleifen; denn die Zeiten waren nach anderem**

Zornig und zwieträchtig waren die Kurfürsten untereinander, so daß kein römischer Kaiser oder König gewählt wurde. Endlich wurde der Graf von Supplinburg* von allen Kurfürsten zum römischen König gekoren. Es waren auber auch andere dan, die meinten, sie könnten mit Gewalt in das Reich eindringen. So mußte sich der neu gekorene König sechs Monate vor Frankfurt legen und warten, ob ihn jemand von dort hinwegschlüge.
Als er nun soviel Volk zu Roß und Fuß beieinander hatte, überlegte Eulenspiegel, was es für ihn da zu tun gäbe: Dahin kommen viele fremde Herren, die lassen

mich nicht unbeschenkt; werde ich in den Kreis ihres Gefolges aufgenommen, so stehe ich mich gut. Und er macht sich auf den Weg dorthin.
Da zogen die Herren aus allen Landen heran. Und es begab sich in der Wetterau bei Friedberg, daß der Bischof von Trier mit seinem Gefolge Eulenspiegel auf dem Weg nach Frankfurt begegnete. Weil er seltsam gekleidet war, fragte ihn der Bischof, was er für ein Geselle sein. Eulenspiegel antwortete und sagte: "Gnädiger Herr, ich bin ein Brillenmacher und komme aus Brabant. Aber da ist nichts für mich zu tun; darum wandere ich nach Arbeit. Mit unserm Handwerk steht es schlecht." Der Bischof sprach: "Ich glaube, mit deinem Handwerk müßte es von Tag zu Tag besser werden. Die Leute werden doch von Tag zu Tag kränker und können schlechter sehen, weshalb man vieler Brillen bedarf."
Eulenspigel antwortete dem Bischof und sagte: "Ja, gnädiger Herr, Euer Gnaden sprechen wahr, aber eine Sache verdirbt unser Handwerk." Der Bischof fragte: "Was ist das?" Eulenspiegel sprach: "Darf ich das sagen, ohne daß Euer Gnaden mir deshalb zürnen?" "Ja", sagte der Bischof, "wir sind das wohl gewohnt von dir und deinesgleichen. Sag's nur frei heraus und scheue nichts!" "Gnädiger Herr, das verdirbt das Brillenmacherhandwerk, und es ist zu befürchten, daß es noch ausstirbt: daß Ihr und andere große Herren, Papst, Kardinal, Bischof, Kaiser, König, Fürst, Rat, Regierer und Richter der Städte und Länder (Gott erbarm's!) zu dieser Zeit durch die Finger sehen, was recht ist; und das nur um des Geldes und der Gaben willen. Aber man findet geschrieben, daß vor alten

Zeiten die Herren und Fürsten, soviel es ihrer gab, in den Rechtsbüchern zu lesen und zu studieren pflegten, auf daß niemandem Unrecht geschehe. Dazu brauchten sie viele Brillen, und da ging's unserm Handwerk gut. Auch studierten die Pfaffen damals mehr als jetzt; so gingen die Brillen hinweg. Jetzt sind sie so gelehrt geworden von den Büchern, die sie kaufen, daß sie das auswendig können, was sie für ihre Verhältnisse brauchen. Ihre Bücher aber schlagen sie in vier Wochen nicht mehr als einmal auf. Deshalb ist unser Handwerk verdorben, und ich laufe aus einem Land in das andere und kann nirgends Arbeit finden. Der Niedergang ist so weit verbreitet, daß dies die Bauern auf dem Land auch schon zu tun pflegen und durch die Finger sehen."
Der Bischof verstand den Text ohne Glosse und sprach zu Eulenspiegel: "Folge uns nach Frankfurt, wir wollen dir unser Wappen und unsere Kleidung geben." Das tat Eulenspiegel und blieb bei dem Herrn so lange, bis der Graf als Kaiser bestätigt war. Dann zog er wieder nach Sachsen.

*** Kaiser Lothar III. (1075 bis 1137); die Supplinburg, später auch Süpplingenburg genannt, lag nahe Helmstedt.**

Der Maulwurf, dem man eine Brille aufsetzte

Einer der vielen Vergessenen unter den Dichtern ist der Franzose *Franc-Nohain*, der in seinen vielen verschränkten Poemen einen bunten Kosmos aus Mensch und Tier und Gegenständen zusammenreimt. Hier eine mahnende Fabel

Man vermag nicht, die Maulwürfe zu verleumden,
Ihnen Kurzsichtigkeit nachzusagen,
Streng genommen sind sie maulwurfsblind.

Einer von ihnen jedoch konnte, dies nicht ohne Grund,
Kaum seinen Neid wahren.
Als die Rede auf seine Kurzsichtigkeit fiel,
Rühmte man, vergleichenderweise,
Denn ihr glänzendes Sehvermögen
Wird überall als Modell angeführt,
Ein Adlerauge oder gar ein Falkenauge:
Was für ein Maulwurfstraum, ein Falkenauge zu haben.

Davon wird er krank, daran krepiert er.

Eifersüchtig umarmen, wenn nicht von oben aus den Lüften,
Zumindest von der Höhe eines Aussichtsturmes
Die Unendlichkeit von Himmeln, Erde und Meeren…

Ein Optiker setzte ihm auf die Nase eine Brille.
Kolumbus Amerika entdeckend
War weder überraschter, noch stolzer.
Überglücklich seines Einkaufs,
Ohne die Brillengläser abzunehmen,
Kehrt der Maulwurf nach Hause zurück.
Und vorderhand erscheint ihm,
Wie eng sein Heim ist
Und das Fehlen von Fenstern.

Für was gut sehen, wenn alles was man sieht,
Von einer Wand begrenzt wird.
Zum ersten Mal erstaunt ihn die Dunkelheit.
Der Nacheiferer Vaubans ergreift die Schaufel,
Mürrisch werdend und ohne Eifer
Stirbt er sehnsuchtsvoll in seinem Graben.

Wir wissen unseren Horizont zu begrenzen
Nach der Maßgabe unserer Existenzmittel.
Daß wir nicht durch Wissenschaften
Den Ekel vor unserem Haus auf die Spitze treiben!
Derart ungeduldig kommt man ins Klagen:
– Für andere Ziele wurde ich geboren! …
Ein zu häufiges menschliches Fehlurteil;
Der Sterbliche, der am glücklichsten,
Ist ziemlich oft derjenige, der sich nicht schert
Um schönes Wetter oder Ungewitter.
Und von wo auch der Wind drehen möge
Hat er niemals, kein Wunsch, keine Bitte,
Mehr gesehen als das Ende seiner Nasenspitze.

der optikus

Unter seinen Wortspielen
»in kakropo ein afkolim« hat
Fritz Vahle, **ein großzügiger Jongleur mit Worten**
und Buchstaben, erzählt, was sich
ergibt, wenn man dem Optiker
seine vier, pardon: 7 Buchstaben
durcheinanderwirbelt

der optikus
sieht pusitok
im tikupos
mit kusitop
und sitopuk
doch pokutis
gibt tosikup
den sokutop
weil ptiosuk
vor osuptik
schleif pokutis
(dem tukosip)

den sikutop
schnell tusikop
wirft koitsup
dem putisko
ans pisutok
drauf opustik
fasst putoksi
ins otupsik
giesst sukitop
mit utopist
auf sitokup
am kitusop
bleut sikuopt
dem stoipuk
und ptikuso
den pukitos

Wilhelm Meisters Wanderjahre und seine Lehren über die Brille

Seine Abneigung über "manche technische Kulturerrungenschaften" hat Meister
J. W. v. Goethe **immer wieder seinen Helden eingeimpft. Dem Hilfsmittel Brille zeigte er sich via Wilhelm Meister besonders feindlich**

Hierauf sogleich berief ihn der Astronom herabzukommen und ließ ihn eben dieses Gestirn [Jupiter] durch ein vollkommenes Fernrohr in bedeutender Größe, begleitet von seinen Monden, als ein himmliches Wunder anschauen.
Als unser Freud lange darin versunken geblieben, wendete er sich um und sprach zu dem Sternfreunde: Ich weiß nicht, ob ich Ihnen danken soll, daß Sie mir dieses Gestirn so über alles Maß näher gerückt. Als ich es vorhin sah, stand es im Verhältnis zu dem übrigen Unzähligen des Himmels und zu mir selbst; jetzt aber tritt es in meiner Einbildungskraft unverhältnismäßig hervor und ich weiß nicht, ob ich die übrigen Scharen gleicherweise heranzuführen wünschen sollte. Sie werden mich einengen, mich beängstigen.
So erging sich unser Freund nach seiner Gewohnheit weiter und es kam bei dieser Gelegenheit manches

Unerwartete zur Sprache. Auf einiges Erwidern des Kunstverständigen versetzte Wilhelm: Ich begreife recht gut, daß es euch Himmelskundigen die größte Freude gewähren muß, das ungeheure Weltall nach und nach so heranzuziehen wie ich hier den Planeten sah und sehe. Aber erlauben Sie mir es auszusprechen: Ich habe im Leben überhaupt und im Durchschnitt gefunden, daß diese Mittel, wodurch wir unsern Sinnen zu Hülfe kommen, keine sittlich günstige Wirkung auf den Menschen ausüben. Wer durch Brillen sieht, hält sich für klüger als er ist, denn sein äußerer Sinn wird dadurch mit seiner innern Urteilsfähigkeit außer Gleichgewicht gesetzt; es gehört eine höhere Kultur dazu, deren nur vorzügliche Menschen fähig sind, ihr Inneres, Wahres mit diesem von außen herangerückten Falschen einigermaßen auszugleichen. So oft ich durch eine Brille sehen, bin ich ein anderer Mensch und gefalle mir selbst nicht; ich sehe mehr als ich sehen sollte, die schärfer gesehene Welt harmoniert nicht mit meinem Innern und ich lege die Gläser geschwind wieder weg, wenn meine Neugierde, wie dieses oder jenes in der Ferne beschaffen sein möchte, befriedigt ist.

Auf einige scherzhafte Bemerkungen des Astronomen fuhr Wilhelm fort: Wir werden diese Gläser so wenig als irgend ein Maschinenwesen aus der Welt bannen, aber dem Sittenbeobachter ist es wichtig zu erforschen und zu wissen, woher sich manches in die Menschheit eingeschlichen hat, worüber man sich beklagt. So bin ich zum Beispiel überzeugt, daß die Gewohnheit, Annäherungsbrillen zu tragen, an dem Dünkel unserer jungen Leute hauptsächlich schuld hat.

Brille in der Blechtrommel

Günter Grass **Im ersten Buch der »Danziger Trilogie«, besser bekannt als »Die Blechtrommel«, hat Günter Grass in seine Erzählung der Kampfhandlungen um die Danziger Post eine unscheinbare und stille Nebenfigur gestellt, die durch kaum etwas auffällt – außer vielleicht durch ihre verlorene Brille**

Skat! Bis zum Zusammenbruch der Verteidigung spielten wir Skat.

Zweiunddreißig Karten wurden gemischt, abgehoben, verteilt, ausgespielt. Da alle Briefkörbe schon mit Verwundeten belegt waren, setzten wir Kobyella gegen einen Korb, banden ihn endlich, da er von Zeit zu Zeit umsinken wollte, mit den Hosenträgern eines anderen Verwundeten fest, brachten ihm Haltung bei, verboten ihm, seine Karten fallenzulassen, denn wir brauchten Kobyella. Was hätten wir tun können ohne den dritten fürs Skatspiel notwendigen Mann? Denen in den Briefkörben fiel es schwer, schwarz von rot zu unterscheiden, die wollten keinen Skat mehr spielen. Eigentlich wollte auch Kobyella keinen Skat mehr spielen.

Hinlegen wollte er sich. Es drauf ankommen, den Karren laufen lassen, wollte der Hausmeister. Mit einmal untätigen Hausmeisterhänden, die Augen wimpernlos schließend, wollte er den letzten Abbrucharbeiten zusehen. Wir aber duldeten diesen Fatalismus nicht, banden ihn fest, zwangen ihn, den dritten Mann abzugeben, während Oskar den zweiten Mann abgab – und niemand wunderte sich, daß der Dreikäsehoch Skat spielen konnte.

Ja, als ich zum erstenmal meine Stimme für die Sprache der Erwachsenen hergab und "Achtzehn!" sagte, blickte mich Jan, aus seinen Karten auftauchend, zwar kurz und unbegreiflich blau an, nickte bejahend, ich darauf: "Zwanzig?" Jan ohne Zögern: "Immer noch." Ich: "Zwo? Und die drei? Vierundzwanzig?« Jan bedauerte: "Passe." Und Kobyella? Der wollte schon wieder trotz der Hosenträger zusammensacken. Aber wir rissen ihn hoch, warteten den Lärm eines draußen, entfernt von unserem Spielzimmer dargebotenen Granateneinschlages ab, bis Jan in die gleich darauf ausbrechende Stille zischen konnte: "Vierundzwanzig, Kobyella! Hörst du nicht, was der Junge gereizt hat?"

Ich weiß nicht, von woher, aus welchen Untiefen der Hausmeister auftauchte. Mit Schraubwinden schien er seine Augenlider heben zu müssen. Endlich irrte sein Blick wäßrig über die zehn Karten, die Jan ihm diskret und ohne jeden Schummelversuch zuvor in die Hand gedrückt hatte.

"Passe", sagte Kobyella. Das heißt, wir lasen es seinen Lippen ab, die fürs Sprechen wohl allzusehr ausgetrocknet waren.

Ich spielte einen Kreuz einfach. Um zu den ersten Stichen zu kommen, mußte Jan, der "Contra" gab, den Hausmeister anbrüllen, gutmütigderb in die Seite stoßen, damit er sich zusammennahm und das Bedienen nicht vergaß; denn ich zog den beiden erst mal alle Trümpfe ab, opferte Kreuz König, den Jan mit Pique Junge wegstach, kam aber, da ich Karo blank war, Jans Karo As wegstechend, wieder ans Spiel, holte ihm mit Herz Bube die Zehn raus – Kobyella warf Karo neun ab, und stand dann bombensicher mit meiner Herzflöte da: Miteinemspielzweicontradreischneiderviermalkrealzistachtundvierzigoderzwölfpfennige! Erst als mir beim nächsten Spiel – ich riskierte einen mehr als riskanten Grand ohne Zwein – Kobyella, der beide Jungs gegeben hatte, aber nur bis dreiunddreißig gehalten hatte, den Karo Jungen mit Kreuz Bube wegstach, kam etwas Zug ins Spiel. Der Hausmeister, durch seinen Stich wie gestochen, kam mit Karo As hinterher, ich mußte bedienen, Jan pfefferte die Zehn rein, Kobyella strich weg, zog den König, ich hätte stechen sollen, stach aber nicht, warf Kreuz Acht ab, Jan talgte was er konnte, kam sogar ans Spiel mit Pique Zehn, da stach ich und verdammt, Kobyella mit Pique Bube drüber, den hatte ich vergessen oder dachte, den hätte Jan, aber Kobyella hatte, stach drüber und wieherte, natürlich jetzt Pique hinterher, ich mußte abwerfen, Jan talgte was er konnte, dann endlich kamen sie mir mit Herzen, aber das half alles nix mehr: zwoundfünfzig hatte ich hin und her gezählt: ohnezweispieldreimalgrandistsechzigverlorenhundertzwanzigoderdreißigpfennige. Jan pumpte mir zwei Gulden in Kleingeld, ich zahlte, aber der Kobyella war trotz des gewonnenen Spieles schon wieder zusammengesackt, ließ sich nicht auszahlen, und selbst die in jenem Augenblick erstmals im Treppenhaus

einschlagende Pakgranate sagte dem Hausmeister gar nichts, obgleich es sein Treppenhaus war, das er seit Jahren zu putzen nicht müde geworden war.
Jan jedoch kam wieder die Angst an, als es die Tür unserer Briefkammer rüttelte und die Flämmchen der Talgkerzen nicht wußten, wie ihnen geschah und in welche Richtung sie sich legen sollten. Selbst als im Treppenhaus wieder verhältnismäßige Ruhe herrschte und die nächste Pakgranate an der entlegenen Außenfassade detonierte, tat Jan Bronski wie verrückt beim Kartenmischen, vergab sich zweimal, aber ich sagte nichts mehr. Solange die schossen, war Jan für keinen Zuspruch empfänglich; überreizte sich, bediente falsch, vergaß sogar, den Skat zu drücken, und lauschte immer mit einem seiner kleinen wohldurchgebildeten, sinnlich fleischigen Ohren nach draußen, während wir ungeduldig warteten, daß er dem Spielverlauf nachkomme. Während Jan immer unkonzentrierter das Skatspiel unterstützte, war Kobyella, wenn er nicht gerade zusammensacken wollte und eins in die Seite brauchte, immer da. Der spielte gar nicht so schlecht, wie es um ihn zu stehen schien. Der sackte immer erst zusammen, wenn er sein Spielchen gewonnen oder contragebend Jan oder mir einen Grand verpatzt hatte. Das konnte ihn nicht mehr interessieren: gewonnen oder verloren. Der war nur fürs Spiel selbst. Und wenn wir zählten und nochmal zählten, dann hing er schief in den ausgeliehenen Hosenträgern und erlaubte nur seinem Adamsapfel, schreckhaft ruckend, Lebenszeichen des Hausmeisters Kobyella zu geben.
Auch Oskar strengte dieser Dreimännerskat an. Nicht etwa, daß jene mit der Belagerung und Verteidigung

der Post verbundenen Geräusche und Erschütterungen meine Nerven übermäßig belastet hätten. Es war vielmehr dieses erstmalige, plötzliche, und wie ich mir vornahm, zeitlich begrenzte Fallenlassen aller Verkleidung. Wenn ich mich bis zu jenem Tage nur dem Meister Bebra und seiner somnambulen Dame Roswitha ungeschminkt gegeben hatte, gab ich mich nun meinem Onkel und mutmaßlichen Vater, dazu einem invaliden Hausmeister, also Leuten gegenüber, die später in keinem Fall mehr als Zeugen in Frage kamen, dem Geburtsschein entsprechend als fünfzehnjähriger Halbwüchsiger, der zwar etwas waghalsig aber nicht ungeschickt Skat spielte. Diese Anstrengungen, die zwar meinem Willen gemäß, meinen gnomenhaften Maßen jedoch alles andere als angemessen waren, zeitigten nach einer knappen Stunde Skatspiel heftigste Glieder- und Kopfschmerzen. Oskar hatte Lust aufzugeben, hätte auch Gelegenheit genug gefunden, sich etwa zwischen zwei kurz nacheinander das Gebäude schüttelnden Granateinschlägen davonzumachen, wenn ihm nicht ein bisher unbekanntes Gefühl für Verantwortung befohlen hätte, auszuhalten und der Angst des mutmaßlichen Vaters mit dem einzig wirksamen Mittel, dem Skatspiel, zu begegnen.
Wir spielten also und verboten dem Kobyella das Sterben. Er kam nicht dazu. Sorgte ich doch, daß die Karten immer im Umlauf blieben. Und als die Talgkerzen infolge einer Detonation im Treppenhaus umfielen und die Flämmchen aufgaben, war ich es, der geistesgegenwärtig das Nächstliegende tat, der dem Jan das Streichholz aus der Tasche holte, dabei Jans Goldmundstückzigaretten mitzog, der das Licht wie-

der auf die Welt brachte, Jan eine beruhigende Regatta anzündete und Flämmchen auf Flämmchen in die Dunkelheit setzte, bevor sich Kobyella, die Dunkelheit nützend, davonmachen konnte. Zwei Kerzen klebte Oskar auf seine neue Trommel, legte sich die Zigaretten griffbereit, verschmähte jedoch für sich den Tabak, bot vielmehr Jan immer wieder eine an, hängte auch dem Kobyella eine in den verzogenen Mund, und es ging besser, das Spiel lebte auf, der Tabak tröstete, beruhigte, konnte aber nicht verhindern, daß Jan Bronski Spiel für Spiel verlor. Er schwitzte und kitzelte, wie immer, wenn er ganz bei der Sache war, seine Oberlippe mit der Zungenspitze. Dergestalt geriet er in Feuer, daß er mich im Eifer Alfred und Matzerath nannte, im Kobyella meine arme Mama zum Spielgenossen zu haben glaubte. Und als jemand auf dem Korridor schrie: "Den Konrad hat es erwischt!" blickte er mich vorwurfsvoll an und sagte: "Ich bitte dich, Alfred, stell doch das Radio ab. Man versteht ja sein eigenes Wort nicht!"
Richtig ärgerlich wurde der arme Jan, als die Tür zur Briefkammer aufgerissen und der fix und fertige Konrad hereingeschleppt wurde.
"Tür zu, es zieht!" protestierte er. Es zog wirklich. Die Kerzen flackerten bedenklich und kamen erst wieder zur Ruhe, als die Männer, die den Konrad in eine Ecke geknüllt hatten, die Tür hinter sich zugemacht hatten. Abenteuerlich sahen wir drei aus. Von unten trafuns das Kerzenlicht, gab uns das Aussehen alles vermögender Zauberer. Und als dann Kobyella seinen Herz ohne Zwein ausreizte und siebenundzwanzig, dreißig sagte, nein, gurgelte und dabei stän-

dig die Augen verrutschen ließ und in der rechten Schulter etwas sitzen hatte, das raus wollte, zuckte, ganz unsinnig lebendig tat, endlich schwieg, doch nun den Kobyella vornübersinken ließ und den drangebundenen Wäschekorb voller Briefe mit dem toten Mann ohne Hosenträger drauf ins Rollen brachte, als Jan dann mit einem einzigen Hieb und ganzem Einsatz Kobyella samt Wäschekorb zum Stehen brachte, als Kobyella, so abermals am Fortgang gehindert, endlich "Herzhand" röhrte und Jan sein "Contra" zischen, Kobyella sein "Re" herauspressen konnten, da begriff Oskar, daß die Verteidigung der Polnischen Post geglückt war, daß jene, die da angriffen, den gerade begonnenen Krieg schon verloren hatten; selbst wenn es ihnen gelänge, im Verlauf des Krieges Alaska und Tibet, die Osterinseln und Jerusalem zu besetzen.

Schlimm allein war, daß Jan seinen großen, bombensicheren Grandhand, mit Viern, Schneiderschwarz angesagt, nicht zu Ende spielen konnte.

Er begann mit der Kreuzflöte, nannte mich jetzt Agnes, sah im Kobyella seinen Nebenbuhler Matzerath, zog dann scheinheilig Karo Bube – ich täuschte ihm übrigens lieber meine arme Mama als den Matzerath vor – Herz Bube hinterher – mit Matzerath wollte ich unter keinen Umständen verwechselt werden – Jan wartete ungeduldig, bis jener Matzerath, der in Wirklichkeit Invalide, Hausmeister war und Kobyella hieß, abgeworfen hatte; das brauchte seine Zeit, doch dann knallte Jan Herz As auf die Dielen und konnte und wollte nicht begreifen, hatte ja nie recht begreifen können, war immer nur blauäugig, roch nach Kölnisch Wasser, blieb ohne Begriff und verstand deshalb auch

nicht, weshalb der Kobyella auf einmal alle Karten fallen ließ, den Wäschekorb mit den Briefen und dem toten Mann drauf auf die Kippe stellte, bis erst der tote Mann, dann eine Lage Briefe und schließlich der ganze sauber geflochtene Korb kippten, uns eine Flut Post zustellten, als seien wir die Empfänger, als sei es jetzt an uns, die Spielkarten zur Seite zu schieben und Episteln zu lesen oder Briefmarken zu sammeln. Aber Jan wollte nicht lesen, wollte nicht sammeln, der hatte als Kind zuviel gesammelt, der wollte spielen, seinen Grandhand zu Ende spielen, gewinnen wollte Jan, siegen. Und er hob den Kobyella auf, stellte den Korb auf die Räder ließ den toten Mann aber liegen, schaufelte auch nicht die Briefe zurück, beschwerte den Korb also ungenügend und zeigte sich trotzdem erstaunt, als der Kobyella, am leichten beweglichen Korb hängend, kein Sitzfleisch bewies, sich mehr und mehr neigte, bis Jan ihn anschrie: "Alfred, ich bitt dich, sei kein Spielverderber, hörst du? Nur das Spielchen noch und dann gehn wir nach Hause, hör doch!" Oskar erhob sich müde, überwand seine immer stärker werdenden Glieder- und Kopfschmerzen, legte Jan Bronski seine kleinen, zähen Trommlerhände auf die Schultern und zwang sich zum halblauten aber eindringlichen Sprechen: "Laß ihn doch, Papa. Er ist tot und kann nicht mehr. Wenn du willst, können wir Sechsundsechzig spielen."
Jan, den ich gerade noch als Vater angesprochen hatte gab das zurückgebliebene Fleisch des Hausmeisters frei, starrte mich blau und blau überfließend an und weinte neinneinneinneinneinei... Ich streichelte ihn, aber er verneinte immer noch. Ich küßte ihn bedeu-

tungsvoll, aber er dachte nur an seinen nicht zu Ende gespielten Grandhand.

"Ich hätte ihn gewonnen, Agnes. Ganz sicher hätte ich ihn nach Hause gebracht." So klagte er mir an Stelle meiner armen Mama und ich – sein Sohn – fand mich in die Rolle, stimmte ihm zu, schwor darauf, daß er gewonnen hätte, daß er im Grunde schon gewonnen habe, er müsse nur fest daran glauben und auf seine Agnes hören. Aber Jan glaubte weder mir noch meiner Mama, weinte erst laut und hoch klagend, dann leise einem unmodulierten Lallen verfallend, kratzte die Skatkarten unter dem erkalteten Berg Kobyella hervor, zwischen den Beinen schürfte er, die Brieflawine gab einige her, nicht Ruhe fand Jan, bis er alle zweiunddreißig beisammen hatte. Und er säuberte sie von jenem klebrigen Saft, der dem Kobyella aus den Hosen sickerte, gab sich Mühe mit jeder Karte und mischte das Spiel, wollte wieder austeilen und begriff endlich hinter seiner wohlgeformten, nicht einmal niedrigen, aber wohl doch etwas zu glatten und undurchlässigen Stirnhaut, daß es auf dieser Welt keinen dritten Mann für den Skat mehr gab.

Da wurde es sehr still in dem Lagerraum für Briefsendungen.

Auch draußen bequemte man sich zu einer ausgedehnten Gedenkminute für den letzten Skatbruder und dritten Mann. War es Oskar doch, als öffnete sich leise die Tür. Und über die Schulter blickend, alles überirdisch Mögliche erwartend, sah er Viktor Weluhns merkwürdig blindes und leeres Gesicht. "Ich habe meine Brille verloren, Jan. Bist du noch da? Wir sollten fliehen. Die Franzosen kommen nicht oder kommen zu spät. Komm mit mir, Jan. Führe mich, ich habe meine Brille verloren.“

Vielleicht dachte der arme Viktor, er habe sich im Raum geirrt. Denn als er weder eine Antwort noch seine Brille, noch Jans fluchtbereiten Arm geboten bekam, zog er sein brillenloses Gesicht zurück, schloß die Tür, und ich hörte noch einige Schritte lang, wie sich Viktor tastend und einen Nebel teilend auf die Flucht machte.

Was mochte in Jans Köpfchen Witziges passiert sein, daß er erst leise, noch unter Tränen, dann jedoch laut und fröhlich dem Lachen verfiel, seine frische, rosa, für allerlei Zärtlichkeiten zugespitzte Zunge spielen ließ, die Skatkarten hochwarf, auffing, und endlich, da es windstill und sonntäglich in der Kammer mit den stummen Männern und Briefen wurde, begann er mit vorsichtigen ausgewogenen Bewegungen, unter angehaltenem Atem ein hochempfindliches Kartenhaus zu bauen: da gaben Pique Sieben und Kreuz Dame das Fundament ab. Die beiden deckte Karo, der König. Da gründete er aus Herz Neun und Pique As, mit Kreuz Acht als Deckel drauf, das zweite, neben dem ersten ruhende Fundament. Da verband er die beiden Grundlagen mit weiteren hochkant gestellten Zehnen und Buben, mit quergelegten Damen und Assen, daß sich alles gegenseitig stützte. Da beschloß er, dem zweiten Stockwerk ein drittes draufzusetzen, und tat das mit beschwörenden Händen, die, ähnlichen Zeremonien gehorchend, meine arme Mama gekannt haben mußte.

Und als er Herz Dame so gegen den König mit dem roten Herzen lehnte, fiel das Gebäude nicht etwa zusammen; nein, luftig stand es, empfindsam, leicht atmend in jenem Raum voller atemloser Toter und Lebendiger, die den Atem anhielten, und erlaubte uns, die Hände zusammenzulegen, ließ den skeptischen Oskar, derja das Kartenhaus nach allen Regeln durchschaute, den beizenden Qualm und Gestank vergessen, der sparsam und gewunden durch die Türritzen des Briefraumes schlich und den Eindruck erweckte: das Kämmerlein mit dem Kartenhaus drin grenzt direkt und Tür an Tür an die Hölle.

Die hatten Flammenwerfer eingesetzt, hatten, den Frontalangriff scheuend, beschlossen, die letzten Verteidiger auszuräuchern. Die hatten den Doktor Michon soweit gebracht, daß er den Stahlhelnn absetzte, zu einem Bettlaken griff und, da ihm das nicht ausreichte, noch ein Kavaliertüchlein zog und beides schwenkend, die Übergabe der Polnischen Post anbot. Und sie verließen, an die dreißig halbblinde, versengte Männer, die erhobenen Arme und Hände im Nacken verschränkt, das Postgebäude durch den linken Nebenausgang, stellten sich vor die Hofmauer, warteten auf die langsam heranrückenden Heimwehrleute. Und später hieß es, während der kurzen Zeitspanne, da die Verteidiger sich im Hof aufstellten und die Angreifer noch nicht da, aber unterwegs waren, seien drei oder vier geflüchtet: über die Postgarage, über die angrenzende Polizeigarage in die leeren, weil geräumten Häuser am Rähm. Dort hätten sie Kleider gefunden, sogar mit Parteiabzeichen, hätten sich gewaschen, fein zum Ausgehen gemacht, hätten sich dann einzeln verdrückt uned von einem hieß es: er habe auf dem Altstädtischen Graben ein Optikergeschäft aufgesucht, habe sich eine Brille verpassen lassen, da seine während der Kampfhandlungen im Postgebäude verlorengegangen war. Frisch bebrillt soll sich Viktor Weluhn, denn er war es, sogar am Holzmarkt ein Bier genehmigt haben und noch eines, weil er durstig war wegen der Flammenwerfer, soll sich dann mit der neuen Brille, die den Nebel vor seinem Blick zwar etwas lichtete, aber bei weitem nicht in dem Maße aufhob, wie es die alte Brille getan hatte, auf jene Flucht gemacht haben, die bis zum heutigen Tage anhält; so zäh sind seine Verfolger.

Ein altes Pferd mit Brille

Im Anhang eines Gedicht-Bändchens des griechischen Dichters Vagelis Tsakiridis sieht *Klaus Roehler* **den ebenso markanten wie leichtsilbigen Lyriker durch eine freundliche Brille**

Er geht aufrecht und ist bis über die Ohren schwarz behaart. Er trägt eine Brille, das Gestell ist aus Horn; er setzt die Brille ab, wenn er Regale weiß streicht oder Wände kalkt oder eine Antwort sucht und nicht findet. Während er die Brille absetzt, wird sein Gesicht länger. Er besitzt eine zweite Brille, mit dieser Brille geht er nicht unter die Leute: er trägt sie im Keller, über Schrott gebeugt, den er in Stücke schneidet, aufeinandertürmt, haltbar verschweißt und verkauft oder verschenkt. Wenn er sich aufrichtet, den Schneidbrenner beiseite legt, die Schweißerbrille auf die Stirn schiebt, sieht man ihn blinzeln und staunen, daß plötzlich alles so dunkel wird. Er sieht besser, wenn er ruhig ist; bei Überraschung, Erregung, Wut quellen seine Augen aus den Höhlen und kommen den Gläsern gefährlich nahe. Wer ihn ohne Brille nicht kennt, bemerkt jetzt, daß die Augen dahinter braun sind.

Im Kino sieht er am liebsten japanische Filme.

Seine Nase ist groß; es fällt nicht schwer sich vorzustellen, daß sie früher schön gewesen ist. Verzweifelt

sieht man ihn nicken, wenn ihm jemand ins Gesicht zeigt und an die klassischen Nasen der Griechen erinnert: mit diesem Kerl ist er fertig.
Er hat ein hageres Gesicht, er hat scharfe Falten links und rechts von der Nase und bis tief in die Mundwinkel, er hat zu wenig Lebertran getrunken, er hat zu wenig Obst gegessen. Als es Zeit gewesen wäre, zum Zahnarzt zu gehen, hatte er kein Geld; als er Geld hatte, waren ihm die schönsten Zähne aus dem Mund gefault. Nun geht sein Lächeln an Krücken und hat Vergangenheit.
Seine Frau sagt: "Heute siehst Du wieder wie ein altes Pferd mit Brille aus."
Er ißt viel, er ißt wenig. Eine gute Mahlzeit hat er nicht so schnell vergessen. Und dann, eines Abend, sitzt er lustlos hinter dem Schreibtisch, er fühlt sich matt, es fällt ihm nichts ein, er wundert sich über seine Schwäche, er denkt darüber nach: ja, er hat den ganzen Tag noch nichts gegessen. "Frau", ruft er, "koch!"; von diesem Abendessen wird er wieder lange leben; so bleibt er mager.
Wenn er spricht, hört jeder zu und freut sich heimlich an dem Schaden, den das bis zum Überdruß geläufige Hochdeutsch auf seiner Zunge nimmt. Er spricht ruhig, bestimmt, nie laut; in seiner Kehle brummt es vertrauenswürdig sonor; ältere Damen und schlecht verheitratete Frauen sind fast ohnmächtig vor Andacht, wenn er bescheiden, stockend, an jedem SCH beinahe verzweifelnd liest. Oft möchte man sich gleich merken, was er sagt, vergißt es aber über den Umständen, unter denen er es gesagt hat. das erklärt, weshalb in der Lokalpresse von seinem Auftritt, sei-

nem Aussehen so viel, von seinen Gedichten dagegen wenig die Rede ist.
Er hat einen langen Hals, sein Adamsapfel fällt auf, von seinem Hals hängt eine Kette aus blauen Glasperlen und Büscheln von Ziegenhaar. Er trägt bei jedem Wetter eine kurze, speckige Jacke aus Lammfell, einen Topas, einen Mondstein, einen silbernen Freundschaftsring und am Gelenk der rechten Hand ein breites, mit grünen Steinen besetztes Armband ebenfalls aus Silber. Alles, was er mit sich herumträgt, hat eine Geschichte; diese Geschichten schreibt er auf. Wer sie liest, beginnt, sie nachzuerzählen.
...
Er schreibt deutsch. Er erzählt gewöhliche Geschichten voller Wunder; in ihnen ist der Triumpf des Handfesten, Überprüfbaren immer dann am größten, wenn es allen rechteckigen Regeln spottet. Plötzlich ist das Außerordentliche vertraut, das Übliche fremd.
Das gefällt ihm. Er ist ein Amateur. Alles, was er nicht erreichen kann, kommt zu ihm. Er nickt zu Stichworten: die Sinne prüfen, die Reflektion faßt sich kurz, das Pathos ist groteskt, die Magie schwarz, der Mythos Pop. Er denkt, klein geschrieben klingt »Mythos« lustig und belehrt, groß geschrieben bleibt er uns die Wahrheit schuldig, ist eine Maske auf dem alten, häßlichen Gesicht der Geschichte.
Dieses Gesicht will er sehen.

mayence:

In einer Fußnote
zum »Ablauf der Dinge«
verweist Thomas Schwab auf
und dessen Anmerkungen,
die auf die Brille und ihr Etui
ebenso zutreffen wie auf alle
unsere Dinge und ihr
geheimes Leben

H. C. Artmann

der zug schärfer arbeitet
durch die muschel ostbahnhof
ehmals brausete der rhein

in der beschwingtheit des
schimpansen suche ich meine
jüngst verlegten monokels

ich betrüge meinen hunger
nach orchestersuiten oft in
zusammenhanglosen stanzen

o quevedo deine kneifer
optiker müller zeigt sie
lächelnd vor der vitrine

zwei gehälftete avocados
voll lichtern und courage
nehme ich beide ans herz

gutenberg trug keine
brille sein gutes auge
sah quer durch mainz

meine elf finger drucken
lettern übermorgen dieses
ungedruckte stadtgedicht

Feindseliger Blick

J. W. v. Goethe. **Noch einmal der große**
Hat sich der umjubelte
Dichterfürst vielleicht
inzwischen eines
besseren besonnen?

"Du kommst doch über so viele hinaus;
Warum bist du gleich außerm Haus,
Warum gleich aus dem Häuschen,
Wenn einer dir mit Brillen spricht?
Du machst ein ganz verflucht Gesicht
Und bist so still wie Mäuschen."

Das schient doch wirklich sonnenklar!
Ich geh mit Zügen frei und bar,
Mit freien, treuen Blicken;
Der hat eine Maske vorgetan,
Mit Späherblicken kommt er an –
Darein sollt ich mich schicken?

Was ist denn aber beim Gespräch,
Das Herz und Geist erfüllet,
Als daß ein echtes Wort-Gepräg
Von Aug zu Auge quillet!
Kommt jener nun mit Gläsern dort,
So bin ich stille, stille;
Ich rede kein vernünftig Wort
Mit einem durch die Brille.

An meine Brille

Liebevoll, ja,
andächtig gedenkt
Heinz Erhardt **jenem Gegenstand, der ebenso**
an ihm hängt wie er
an diesem

Ich wäre glatt verloren
wärst du nicht stets bei mir.
Du hängst an meinen Ohren
grad so, wie ich an dir.

Trag dich auch, wenn auf Zehen
die Nacht sich niedersenkt,
dann kann ich besser sehen
den Traum, der mich umfängt.

Und wenn ich einst verschwinde,
so bleib auch dann bei mir,
damit ich sicher finde
den Weg, mein Gott, zu dir.

Das Monokel

Der Visionär und Autor von »Schöne neue Welt« nimmt sich eines Gegenstandes aus der Welt von gestern an. Übersetzung von Herbert Schlüter, Herbert E. Herlitschka und Theo Schumacher

Aldous Huxley

Das Gesellschaftszimmer lag im ersten Stock. Von oben kam das verworrene Geräusch vieler Stimmen wie das gedämpfte Donnern eines Eisenbahnzuges in der Ferne. Gregory legte seinen Mantel ab und gab ihn dem Dienstmädchen.

"Bemühen Sie sich nicht, mich hinaufzubegleiten", sagte er. "Ich kenne den Weg."

Immer so rücksichtsvoll! Und trotzdem: aus irgendeinem Grund würde keiner vom Personal ihm jemals eine Gefälligkeit erweisen. Sie hatten für ihn nur Mißachtung und Abneigung.

"Bitte, bemühen Sie sich nicht", wiederholte er. Das Dienstmädchen, jung, mit rosigem Teint und flachsblondem Haar, musterte ihn mit stummer Verachtung und entfernte sich. Wahrscheinlich, vermutete er, hatte sie überhaupt nicht daran gedacht, ihn nach oben zu geleiten. Er fühlte sich – wieder einmal – gedemütigt.

Auf dem unteren Treppenabsatz hing ein Spiegel. Er sah hinein, fuhr sich mit der Hand übers Haar und zog die Krawatte etwas fester. Er hatte ein glattes, ovales Gesicht mit regelmäßigen Zügen, hellblondes Haar und einen sehr kleinen Mund mit einer Oberlippe, die die Form des klassischen Bogens hatte. Ein Vikarsgesicht. Insgeheim fand er sich hübsch, und es überraschte ihn immer wieder, daß die wenigsten seine Meinung teilten.
Gregory stieg die Treppe hinauf und putzte im Gehen sein Monokel. Das Stimmengewirr wurde lauter. Von der Treppenkehre aus konnte er schon die offene Tür des Gesellschaftszimmers sehen. Zuerst war es nur das obere Viertel des Eingangs und dahinter ein Stück von Plafond, aber mit jeder weiteren Stufe sah er etwas mehr: einen Streifen der Wand unter der Stuckleiste, ein Bild, Köpfe von Besuchern, schließlich auch ihre Körper bis zu den Füßen. Auf der vorletzten Stufe klemmte er sich das Monokel ein und steckte das Taschentuch wieder in die Tasche. Er straffte die Schultern und betrat, beinahe in militärischer Haltung, wie er sich einbildete, den Saal. Die Dame des Hauses stand am Fenster auf der gegenüberliegenden Seite. Er ging auf sie zu, das unwillkürlich schon zu einem Begrüßungslächeln verzogen, obwohl sie ihn noch nicht bemerkt hatte. Der Raum war überfüllt, es war heiß, und der Zigarettenrauch hing wie ein Nebel über allem. Der Lärm war fast mit Händen zu greifen. Gregory hat das Gefühl, sich seinen Weg durch irgendein dichteres Eleme als Luft bahnen zu müssen. Bis zum Hals darin steckend, wate er durch den Lärm, immer bemüht, das artige Lä-

cheln über den Fluten zu halten. Und unversehrt präsentierte er es der Dame des Hauses.
"Guten Abend, Hermione."
"Oh, Gregory, wie entzückend! Guten Abend!"
"Was für ein bezauberndes Kleid!" sagte Gregory und befolgte damit gewissenhaft den Rat eines beneidenswert erfolgreichen Freundes, man solle nie versäumen, ein Kompliment zu machen, auch wenn die Unaufrichtigkeit auf der Hand lag. Übrigens war das Kleid nicht schlecht. Aber natürlich bewerkstelligte es die gute Hermione, alles, was sie anzog, um seine elegante Wirkung zu bringen. Sie war geradezu boshaft ungraziöz und häßlich – aus böser Absicht, wie Gregory immer glaubte. "Ganz reizend", flötete er mit ein wenig zu hoher Stimme.
Hermione lächelte geschmeichelt. "Ich freue mich so, begann sie, aber noch bevor sie weitersprechen konnte, wurde sie von einer lauten Stimme unterbrochen, die mit näselndem Geträller aus Acis und Galatea zitierte: "Siehe da, das Ungeheuer Polyphem!"
Gregory errötete. Eine große Hand versetzte ihm einen Schlag mitten auf den Rücken, unterhalb der Schultern, und es klang dumpf und hohl, wie wenn man einem Apportierhund einen Klaps gibt.
"Also, Polyphem", die Stimme war vom Gesang zum Konversationston übergegangen, "wie geht es Ihnen?"
"Besten Dank, gut", erwiderte Gregory, ohne sich umzusehen. Es war dieser ewig betrunkene Südafrikaner Paxton. "Ausgezeichnet, besten Dank, Silen!"
Paxton hatte ihn wegen seines Monokels Polyphem genannt: Polyphem, der einäugige, der rundäugige Zyklop. In Zukunft würde nun er, Gregory, Paxton

immer Silen nennnen. Ein mythologisches ”Wie du mir, so ich dir.“

”Bravo!“ rief Paxton, und Gregory zuckte zusammen unter einem zweiten, noch kräftigeren Schlag. ”Das ist aber eine piekfeine Party, Hermione. Hochkultiviert! Nicht jeden Tag kann eine Dame hören, wie sich ihre Gäste mit geistreichen Anspielungen aus der Welt der Antike bombardieren. Ich gratuliere Ihnen, Hermione.“ Er legte den Arm um ihre Taille. ”Ich gratuliere Ihnen zu uns.“

Hermione machte sich frei. ”Seien Sie nicht lästig, Paxton!“ sagte sie ungehalten.

Paxton lachte theatralisch. ”Ha, ha!“ Das Lachen des Schurken auf der Bühne eines Schmierentheaters. Aber nicht nur sein Lachen war theatralisch. Mit seiner ganzen Person parodierte er den Tragöden alter Schule. Das scharf geschnittene Profil mit der Adlernase, die tiefliegenden Augen und das ziemlich lange schwarze Haar – alles paßte zu der Rolle. ”Ich bitte tausendmal um Vergebung“, sagte er mit ironischer Höflichkeit. ”Der arme Mann aus den Kolonien ist aus der Rolle gefallen. Versoffener, ungezogener Lümmel!“

”Idiot!“ sagte Hermione und entfernte sich.

Gregory schickte sich an, ihr zu folgen, aber Paxton hielt ihn am Ärmel fest. ”Sagen Sie mir, Polyphem“, fragte er angelegentlich, ”warum tragen Sie Monokel?“

”Also, wenn Sie es wirklich wissen wollen“, erwiderte Gregory etwas gezwungen, ”aus dem einfachen Grunde, daß ich zufällig auf dem linken Auge kurzsichtig und astigmatisch bin, nicht aber auf dem rechten.“

"Kurzsichtig und astigmatisch?" wiederholte der andere im Ton gespielter Überraschung. "Kurzsichtig und astigmatisch? Gott vergebe mir! Und ich dachte, Sie wollten nur gern wie ein Operettenherzog aussehen!"
Gregorys Lachen sollte freimütig Erstaunen und Belustigung ausdrücken. Wie man nur auf eine solche Idee kommen konnte! Das war ja unglaublich komisch! Aber bei aller Belustigung klang doch ein Unterton von Verlegenheit und Unbehagen mit. Denn natürlich hatte Paxton vollkommen recht. Da er sich nur allzu bewußt war, wie unbedeutend und provinziell er war, und wie sehr es seinem Auftreten an jeder überzeugenden Arroganz fehlte, hatte er die Diagnose des Augenarztes zum Vorwand genommen, sich ein smarteres, arroganteres und eindrucksvolleres Aussehen zu geben. Vergebens! Das Einglas hatte in keiner Weise sein Selbstbewußtsein gehoben. Es war ihm nie ganz wohl dabei, wenn er es trug. Monokelträger, fand er, waren wie die Dichter: Sie mußten dazu geboren sein, nicht gemacht. Auch Cambridge hatte in ihm nicht den kleinen Gymnasiasten aus den Midlands eliminiert. Trotz seiner Bildung und seiner literarischen Neigungen blieb ihm stets bewußt, der Erbe eines reichen Schuhfabrikanten zu sein. Er konnte sich nicht an das Monokel gewöhnen. Meistens ließ er es denn auch, entgegen dem Rat des Augenarztes, am Band hängen, wo es, wenn er ging, wie ein Pendel ausschlug, während es bei den Mahlzeiten in die Suppe, den Tee, die Marmelade oder Butter fiel. Nur bei bestimmten Gelegenheiten, unter ausnehmend günstigen Umständen, klemmte es sich Gregory ins Auge.

Und selten ließ er mehr als ein paar Minuten, ja oft nur Sekunden vergehen, bis er die Augenbraue hochzog und das Monokel fallen ließ. Und wie selten waren die Umstände danach, daß Gregory sein Monokel tragen konnte! Einmal war dafür die Umgebung zu unkultiviert, ein andermal wieder zu elegant oder intellektuell. Wer in Gesellschaft von armen Teufeln oder halben Analphabeten ein Monokel trägt, zeigt ihnen gar zu überheblich seine Kritik. Außerdem haben die Armen und die Analphabeten die bedauerliche Gewohnheit, solche Symbole der gesellschaftlichen Überlegenheit mit spöttischem Gelächter zu bedenken. Und Gregory war nicht gegen Lachen gefeit; ihm fehlte die hochmütige Selbstsicherheit und Unbekümmertheit des geborenen Monokelträgers. Er verstand es nicht, die Armen zu ignorieren und sie, wenn man schon unbedingt mit ihnen zu tun hatte, wie Maschinen oder Haustiere zu behandeln. Er hatte zuviel von ihnen gesehen, als sein Vater noch lebte und ihn zwang, an seinen Geschäften ein tätiges Interesse zu nehmen. Aus demselben Mangel an Selbstvertrauen scheute er sich aber fast ebenso sehr, sein Monokel in Anwesenheit der Reichen zu tragen. In ihrer Gesellschaft fühlte er sich nie ganz sicher, zum Tragen eines Monokels berechtigt zu sein. Er hielt sich für einen Parvenu im Vergleich zu den legitimen Monokelträgern. Und dann die Intellektuellen: Auch ihre Anwesenheit war dem Monokel abträglich. Wie konnte man mit einem Monokel im Auge ernsthaft diskutieren? Da möchte man zum Beispiel etwas sagen wie: Mozart ist ganz Reinheit, ganz spirituelle Schönheit! Unvorstellbar, derlei mit einer Glasscherbe im linken Auge von sich zu geben! Nein, die Umgebung war nur in den seltensten Fällen förderlich. Dennoch boten sich zuweilen auch günstige Voraussetzungen an. Zum Beispiel Hermiones Gesellschaften mit ihrem Einschlag von Boheme. Aber er hatte nicht mit Paxton gerechnet.

Er lachte; es klang amüsiert und überrascht. Wie durch Zufall fiel ihm das Monokel aus dem Auge. "Klemmen Sie es wieder ein!" rief Paxton laut. "Ich flehe Sie an, klemmen Sie es wieder ein!" Dabei griff er nach dem Glas, das über Gregorys Bauch baumelte, und bemühte sich, es wieder an seinen Platz zu bringen.

Gregory wich zurück. Mit der einen Hand stieß er seinen Verfolger zurück, mit der anderen versuchte er, ihm das Monokel aus den Fingern zu reißen. Aber Paxton ließ es nicht los.

"Ich flehe Sie an", wiederholte Paxton.

"Geben Sie es sofort zurück", forderte Gregory, wütend, doch mit leiser Stimme, damit man sich nicht nach ihnen umsähe und die groteske Ursache ihres Streits erkannte. Noch nie hatte man ihn so schändlich zum besten gehabt.

Schließlich gab es ihm Paxton zurück. "Verzeihen Sie mir", bat er mit geheuchelter Reue. "Verzeihen Sie einem armen betrunkenen Wilden, der nicht weiß, was sich in der feinen Gesellschaft ziemt. Sie müssen bedenken, daß ich nichts als ein Säufer bin, ein armer, schwer arbeitender Trunkenbold. Sie kennen doch die Anmeldeformulare, die man in Frankreich in jedem Hotel ausfüllen muß? Name, Geburtsdatum und so weiter. Wissen Sie, was ich meine?"

Gregory nickte gravitätisch.

"Also, da, wo nach dem Beruf gefragt wird, schreibe ich immer ivrogne. Das heißt, wenn ich noch nüchtern genug bin, mich an die französische Vokabel zu erinnern. Wenn ich schon zu betrunken bin, schreibe ich einfach drunkard, Säufer. Heutzutage versteht jeder Englisch."
"Was Sie nicht sagen", bemerkte Gregory frostig.
"Das ist ein großartiger Beruf", vertraute ihm Paxton an. "Damit können Sie sich alles erlauben, jeden Unfug, der Ihnen gerade in den Sinn kommt. Sie können die erste beste Frau, wenn die Laune Sie păckt, umarmen und ihr dabei die frechsten und anstößigsten Dinge sagen. Sie können die Männer beleidigen und den Leuten ins Gesicht lachen. Einfach alles ist dem armen Säufer erlaubt, zumal wenn er nur ein Wilder ist, der es ja nicht besser versteht. Verbum sat sapienti, dem Verständigen genügt ein Wort. Nehmen Sie meinen Rat, alter Junge. Lassen Sie das Monokel weg. Es taugt nichts. Werden Sie ein Säufer, und Sie werden sehr viel mehr Spaß haben. Wobei mir gerade einfällt, daß ich mir unbedingt etwas zu trinken holen muß. Ich fange an, nüchtern zu werden."
Er verschwand in der Menge. Erleichtert blickte sich Gregory um auf der Suche nach bekannten Gesichtern. Dabei putzte er sein Monokel und nutzte die Gelegenheit, sich die Stirn zu trocknen, bevor er das Glas wieder ins Auge klemmte.
"Verzeihung!"
Er schlängelte sich zwischen den eng nebeneinanderstehenden Stühlen hindurch, schob sich schneckengleich ("Pardon!") zwischen den – sich fast berührenden – Rücken zweier Stehkonvente hindurch.

"Verzeihung!" Er hatte dort drüben, am Kamin, Bekannte entdeckt: Ransom und Mary Haig mit Miss Camperdown. Er nahm an ihrer Unterhaltung teil. Sie sprachen über Mrs. Mandragore.
Da wurden die alten, bekannten Geschichten über die berühmte Prominentenjägerin noch einmal zum besten gegeben. Er selbst wiederholte zwei oder drei dieser Geschichten mit dem dazugehörigen Mienen- und Gebärdenspiel, das durch hundert Wiederholungen zur Vollkommenheit gebracht worden war. Und mitten in einer Grimasse, auf dem Höhepunkt einer sorgfältig einstudierten Gebärde, sah er sich plötzlich selbst: grimassierend, gestikulierend; und hörte plötzlich den Tonfall seiner Stimme, mit dem er die altbekannten Sätze auswendig hersagte. Warum, um alles in der Welt, besuchte man eine Party? Immer dieselben langweiligen Leute, derselbe stumpfsinnige Skandal und dieselben eigenen Salonkunststücke. Immer wieder. Aber er fuhr fort, zu lächeln und zu grinsen, zog weiter seine Grimassen, flötete und donnerte seine Geschichte zu Ende. Seine Zuhörer lachten sogar; es war ein Erfolg. Aber Gregory schämte sich. Nun begann Ransom mit der Geschichte von Mrs. Mandragore und dem Maharadscha von Pataliapur. Innerlich stöhnte Gregory. Warum, warum; warum? Hinter ihm wurde über Politik gesprochen. Während er weiterhin ein Lächeln zeigte, hörte er zu.
"Das ist der Anfang vom Ende", erklärte der Politiker und prophezeite, mit lauter, fröhlicher Stimme, Verderben und Untergang.
"'Mein lieber Maharadscha'", imitierte Ransom die exaltierte Stimme Mrs. Mandragores und ihre aus-

drucksvolle Gestik, "'wenn Sie wüßten, wie ich den Orient liebe!'"

"Unsere einzigartige Stellung verdanken wir dem Umstand, daß wir als die ersten die Industrialisierung eingeführt haben. Aber jetzt, nachdem alle anderen unserem Beispiel gefolgt sind, müssen wir feststellen, daß es ein Nachteil ist, der erste gewesen zu sein. Unsere gesamte Ausrüstung ist veral-"

"Gregory", fragte Mary Haig, "wie geht doch Ihre Geschichte von dem 'Unbekannten Soldaten'?"

"Der unbekannte Soldat?" fragte Gregory zerstreut, während er mitzuhören versuchte, was hinter ihm gesagt wurde.

"Die, die zuletzt gekommen sind, haben die modernste maschinelle Ausstattung. Das liegt auf der Hand. Wir –"

"Sie wissen doch, welche ich meine. Auf der Party bei Mandragores..."

"Ach ja, als sie uns alle zum Tee einlud, damit wir die Mutter des unbekannten Soldaten kennenlernten!"

"So wie Italien", fuhr der Politiker mit lauter, fröhlicher Stimme fort. "In Zukunft werden wir immer ein bis zwei Millionen Menschen haben, für die es keine Arbeit gibt. Und die auf Staatskosten leben."

Ein oder zwei Millionen. Er dachte an das Derby. Vielleicht kamen da hunderttausend Menschen zusammen. Das Zehnfache der Derbybesucher, das Zwanzigfache, und alle halbverhungert, die mit Blechmusik und Transparenten die Straße entlang marschierten. Er ließ das Monokel fallen. Ich muß fünf Pfund an das London Hospital schicken, dachte er. Viertausendachthundert im Jahr. Dreizehn Pfund

täglich. Abzüglich der Steuern natürlich. Die Steuern waren furchtbar. Einfach monströs. Er gab sich Mühe, die gleiche Indignation aufzubringen wie jene alten Herren, die einen roten Kopf bekommen, wenn sie über Steuern sprechen. Aber irgendwie gelang es ihm nicht. Und schließlich und endlich waren die Steuern keine Entschuldigung und Rechtfertigung. Er fühlte sich auf einmal zutiefst niedergeschlagen. Immerhin, so versuchte er sich zu trösten, konnten bestenfalls zwanzig bis fünfundzwanzig von diesen zwei Millionen Menschen von seinem Einkommen leben. Fünfundzwanzig von zwei Millionen – es war absurd, es war lachhaft! Aber getröstet war er nicht.
"Und das Merkwürdigste dabei ist", erläuterte Ransom, der noch immer von Mrs. Mandragore sprach, "daß sie sich nicht im geringsten für ihre Jagdbeute interessiert. Da fängt sie zum Beispiel an, von ihrer Begegnung mit Anatole France zu berichten und vergißt mitten darin, aus purer Gelangweiltheit, worüber sie eigentlich sprechen wollte."
O mein Gott, dachte Gregory. Wie oft hatte er schon Ransoms psychologische Betrachtungen über die Mandragore mit angehört! Wie oft! Jetzt mußte gleich die Sache mit den Schimpansen kommen. Gott sei uns gnädig!
"Haben Sie einmal im Zoo die Schimpansen beobachtet?" fragte Ransom. "Die Art und Weise, wie sie einen Strohhalm oder eine Bananenschale aufheben und ein paar Sekunden lang mit äußerster Aufmerksamkeit untersuchen?" Er führte eine Pantomime vor, um zu zeigen, was der Schimpanse tat. "Und plötzlich läßt er, aufs äußerste gelangweilt, das Ding aus den Hän-

den fallen und blickt zerstreut um sich, auf der Suche nach einem anderen Gegenstand. Diese Schimpansen erinnern mich immer an die Mandragore und ihre Gäste. Wie sie sich erst so eifrig um jemanden bemüht, als wäre er der einzig wichtige Mensch auf der Welt – und dann, von einem Augenblick zum anderen..."

Gregory hielt es nicht länger aus. Er entschuldigte sich bei Miss Camperdown, er habe gerade jemanden gesehen, den er sprechen müsse, und verschwand, sich langsam – "Verzeihung!" – durch die Menge schlängelnd. Ach, wie jämmerlich, wie trostlos das alles war! In einem Winkel fand er den jungen Crane mit ein paar anderen, jeder ein Glas in der Hand.

"Crane, sagen Sie mir um Gotteswillen, wo bekommt man das da zu trinken?"

Diese goldene Flüssigkeit schien ihm hier die einzige Hoffnung. Crane zeigte in die Richtung eines Durchgangs, der zu dem hinten gelegenen Salon führte. Er hob stumm sein Glas, trank und blinzelte Gregory über den Rand des Glases hinweg zu. Er hatte ein Gesicht, das wie ein Schlachtfeld aussah. Gregory drängte sich mit zäher Geduld durch die Menge. "Verzeihung!" sagte er laut; aber in seinem Innern sagte er: Gott sei uns gnädig!

Am Ende des rückwärtigen Salons befand sich ein Tisch mit Flaschen und Gläsern. Der professionelle Trinker saß auf einem Sofa in der Nähe des Tisches, mit dem Glas in der Hand, und sobald jemand in Hörweite kam, machte er, in lautem Selbstgespräch, seine Bemerkungen über ihn.

"Mein Gott!" sagte er, als Gregory an den Tisch trat.

"Sehen Sie sich das einmal an!" "Das" war die hagere Mrs. Labadie in Goldlamé und Perlen. Sie hatte sich auf einen schüchternen jungen Mann gestürzt, der hinter dem Tisch Deckung suchte.
"Sagen Sie mir, Mr. Foley", begann sie in werbendem Ton und beugte ihr Pferdegesicht über das Gesicht des jungen Mannes, "Sie, der Sie einfach alles über Mathematik wissen..."
"Ist es zu fassen?" verwunderte sich der professionelle Trinker. "Das in Englands grünem schönen Land?" Und er lachte sein melodramatisches Lachen.
Eingebildeter Narr, dachte Gregory. Er kommt sich wohl sehr romantisch vor. Der lachende Philosoph, sozusagen. Trinkt, weil die Welt nicht gut genug für ihn ist. Ein kleiner Faust!
"Und dazu Polyphem", setzte Paxton sein Selbstgespräch fort. "Unser komischer, kleiner Polyphem!" Er lachte wieder. "Der Erbe aller Zeiten. Du lieber Gott!"
Voller Würde schenkte sich Gregory ein wenig Whisky ein und füllte darauf das Glas mit Wasser aus der Siphonflasche – voller Würde und mit bemühter Grazie und Präzision, so als spielte er einen Mann, der sich auf der Bühne einen Whisky und Soda einschenkt. Er nippte am Glas. Daraufhin spielte er mit aller Umständlichkeit die Rolle eines Mannes, der sein Taschentuch aus der Tasche zieht und sich die Nase putzt.
"Wenn man diese Leute sieht", setzte der Trinker seinen Monolog fort, "kann man von der Geburtenkontrolle überzeugt sein. Wenn doch ihre Eltern ein paar Worte im Vertrauen mit Stopes gewechselt hät-

ten! O je, o je!“ Er stieß einen stilisierten Shakespeareschen Seufzer aus.

Possenreißer, Hanswurst! dachte Gregory. Das Schlimmste war, daß er, sobald man Paxton so nennen würde, der erste wäre, zu behaupten, daß er das doch selbst schon immer gesagt habe. Natürlich hatte er es gesagt, schon um sicher zu gehen. Tatsächlich aber hielt der Mann sich ganz offensichtlich für eine Art von Musset oder modernem Byron. Eine schöne Seele, vom Leben verdüstert und verbittert...

Indem er weiterhin vorgab, sich der Nähe des professionellen Trinkers nicht bewußt zu sein, spielte Gregory, mit allen dazugehörigen Bewegungen, einen Mann, der an seinem Glas nippt.

”Wie transparent Sie das alles machen!“ behauptete Mrs. Labadie voller Überzeugung und lächelte dem jungen Mathematiker zu. Dieses Pferd, dachte Gregory, hat doch einen schrecklich menschlichen Ausdruck.

”Damit“, sagte der junge Mathematiker, ”kommen wir nun zu Riemann.“

”Oh, Riemann!“ kam ekstatisch das Echo von Mrs. Labadie. ”Riemann!“ – als läge die Seele des großen Mathematikers in seinem Namen beschlossen.

Gregory hätte gern mit irgend jemandem gesprochen, der ihn damit der Notwendigkeit enthoben hätte, weiter unter den forschenden Blicken Paxtons nichtsahnende Gleichgültigkeit vorzutäuschen. Er stand an die Wand gelehnt, in einer Pose, als sei er mit seinen Gedanken weit weg. Mit abwesendem, sinnendem Ausdruck starrte er auf einen Punkt an der Wand gegenüber, der sich hoch oben, genau unter dem

Plafond, befinden mochte. Sicher würde man gern wissen, worüber er wohl nachdachte, meinte er. Und worüber dachte er denn nach? Über sich selbst. Oh, die Eitelkeit! O Trübsal und Jammer dieses Lebens!

"Polyphem!"

Gregory tat so, als habe er es nicht gehört.

"Polyphem!" Diesmal war der Ruf unüberhörbar.

Gregory übertrieb ein wenig, als er nun das plötzliche Herausgerissenwerden aus tiefster Meditation markierte. Er fuhr zusammen und wandte dann, mit benommenem Blinzeln, den Kopf.

"Ach, Paxton!" sagte er. "Silen! Ich hatte gar nicht gesehen, daß Sie da sind."

"Nein? Das war sehr klug von Ihnen", sagte der professionelle Trinker. "Worüber haben Sie eigentlich so malerisch nachgedacht?"

"Über nichts", erwiderte Gregory mit dem bescheidenen, verlegenen Lächeln des großen Denkers, den man mitten in seiner Versunkenheit überrascht hat.

"Genau, was ich vermutet habe", sagte Paxton. "Über nichts, über gar nichts. Herrgott im Himmel!" fügte er wie im Selbstgespräch hinzu.

Gregorys Lächeln war etwas matt. Er wandte den Kopf ab und versank wieder in tiefes Nachdenken. Es schien ihm unter den gegebenen Umständen das beste zu sein, was er tun konnte. Träumerisch, als sei er sich seines Tuns nicht bewußt, leerte er sein Glas.

"Crippen!" hörte Gregory den professionellen Trinker murmeln. "Es ist das reinste Begräbnis. So ernst!"

"Gregory!"

Wieder vollführte Gregory seine Vorstellung aus Zusammenfahren und benommenem Blinzeln. Er hatte

bereits befürchtet, daß Spiller seine Versunkenheit respektieren könnte und ihn deshalb nicht ansprach. Das wäre ihm sehr unangenehm gewesen.
"Spiller!" begrüßte er ihn mit freudiger Überraschung. "Mein lieber alter Junge!" Er schüttelte ihm kräftig die Hand.
Mit seinem kantigen Gesicht, dem breiten Mund und der gewaltigen, von üppigem, lockig fallendem Haar umrahmten Stirn sah Spiller wie eine viktorianische Berühmtheit aus. Seine Freunde meinten sogar, er hätte ebenso gut eine georgianische Berühmtheit sein können, wenn er nicht vorzöge zu reden, statt zu schreiben.
"Bin rasch mal für einen Tag gekommen", erklärte Spiller. "Ich konnte auf einmal nicht eine Stunde länger dieses Landleben ertragen. Den ganzen Tag nur arbeiten und keinen Menschen um sich. Mit mir allein langweile ich mich zu Tode." Er schenkte sich einen Whisky ein.
"O Gott, o Gott, was für ein bedeutender Mann! Daß ich nicht lache!" Paxton schlug die Hände vors Gesicht und schüttelte sich vor Lachen.
"Willst du sagen, daß du eigens dafür gekommen bist?" fragte Gregory und wies mit einer weiten Handbewegung auf die ganze Gesellschaft.
"Nicht speziell. Mehr zufällig. Ich hörte, daß Hermione eine Gesellschaft gibt, und da wollte ich einmal hereinschauen."
"Warum geht man eigentlich auf Parties?" fragte Gregory und nahm, ohne es zu wissen, etwas von der weltschmerzlichen Attitüde des professionellen Trinkers an.

"Zur Befriedigung des Herdentriebes", erwiderte Spiller auf diese rhetorische Frage. Er gab die Antwort ohne Zögern und mit einer Miene päpstlicher Unfehlbarkeit. "Genauso wie man Frauen nachläuft zur Befriedigung des Fortpflanzungstriebes." Spiller hatte eine eindrucksvolle Art, alles so zu sagen, daß es ungemein wissenschaftlich klang. Er schien für alles, worüber er sprach, die maßgebliche Autorität zu sein. Gregory, geistig konturenloser, fand das anregend.

"Du meinst, man gehe nur zu Gesellschaften, um sich in einer Menge zu befinden?"

"Genau das!" erwiderte Spiller. "Um die Herdenwärme zu spüren und den Geruch seiner Mitmenschen zu schnuppern." Er atmete tief die stickige, warme Luft ein.

"Ich glaube, du hast recht", sagte Gregory. "Jedenfalls läßt sich schwer ein anderer Grund finden."

Er sah sich um, als suche er nach einem anderen Grund. Und zu seiner Überraschung fand er einen: Molly Voles. Er hatte sie vorher nicht gesehen; sie mußte gerade erst gekommen sein.

"Ich habe eine phantastische Idee für eine neue Zeitschrift", erklärte Spiller.

"Tatsächlich?" Gregory zeigte keine besondere Neugier. Wie schön ihr Hals war – und diese schlanken Arme!

"Für Kunst, Literatur und Wissenschaft", fuhr Spiller fort. "Die Idee ist wirklich neu. Es geht darum, die Wissenschaft mit der Kunst in Verbindung zu bringen und dadurch mit dem Leben. Das Leben, die Kunst und die Wissenschaft – alle drei würden dabei gewinnen. Verstehst du, worauf ich hinauswill?"

"Doch", sagte Gregory. "Ich verstehe." Er blickte zu Molly hinüber in der Hoffnung, von ihr bemerkt zu werden. Schließlich fiel ihr Blick auf ihn, ein gelassener Blick aus ruhigen, grauen Augen. Lächelnd nickte sie ihm zu.

"Wie gefällt dir meine Idee?" fragte Spiller.

"Ich finde sie großartig", sagte Gregory mit unvermittelter Wärme, die den anderen überraschte.

In Spillers großflächigem, ernstem Gesicht leuchtete es freudig auf. "Das freut mich", sagte er, "wirklich, ich freue mich sehr, daß sie dir so gut gefällt."

"Ich finde sie großartig", beteuerte Gregory übertreibend. "Einfach großartig." Molly schien sich wirklich gefreut zu haben, ihn zu sehen.

"Ich hatte daran gedacht", fuhr Spiller mit etwas gewollter Ungezwungenheit fort, "daß du mir vielleicht bei dem Start dieses Unternehmens helfen könntest. Mit einem Kapital von tausend Pfund könnte man es bequem lancieren."

Aus dem Gesicht Gregorys wich die Begeisterung; es wurde zum ausdruckslosen, glatten Vikarsgesicht. Er schüttelte den Kopf. "Wenn ich tausend Pfund hätte!" sagte er voller Bedauern. Zum Teufel mit ihm, dachte er. Ihm so eine Falle zu stellen!

"Wenn", wiederholte Spiller. "Aber mein lieber Junge!" Er lachte. "Außerdem ist es eine sichere, sechsprozentige Kapitalanlage. Du weißt, ich kann einen Kreis von sehr profilierten Mitarbeitern zusammenbringen."

Gregory schüttelte den Kopf. "Leider, leider".

"Und, was mehr ist", fuhr Spiller hartnäckig fort, "Du würdest ein Wohltäter der Menschheit werden."

"Ausgeschlossen." Gregory blieb fest. Er stellte sich auf die Hinterbeine, störrisch wie ein Esel. Geld war das einzige, bei dem es ihm nicht schwerfiel, fest zu bleiben.
"Nun hör einmal", sagte Spiller. "Was sind denn tausend Pfund für einen Millionär wie dich? Du hast doch – wieviel hast du eigentlich?"
Gregory starrte ihn mit Augen wie aus Glas an.
"Zwölfhundert im Jahr", sagte er. "Oder sagen wir vierzehnhundert." Er konnte sehen, daß Spiller es nicht glaubte. Verflixt! Nicht, daß er wirklich erwartet hatte, der andere würde ihm glauben, aber trotzdem... "Und dann die Steuern", fügte er klagend hinzu, "dazu die Spenden für wohltätige Zwecke." Er erinnerte sich, daß er gerade beschlossen hatte, dem London Hospital fünf Pfund zukommen zu lassen. "Da ist zum Beispiel das London Hospital – da fehlt es immer an Geld." Betrübt schüttelte er den Kopf. "Nein, leider ganz unmöglich." Er dachte an die vielen Arbeitslosen: zehnmal soviel Menschen wie beim Derby, halbverhungert, mit Transparenten und Musikkapellen. Er spürte, wie er rot wurde. Zum Teufel mit dem Mann! Er war wütend auf Spiller.
Plötzlich drangen gleichzeitig zwei Stimmen an sein Ohr, die des professionellen Trinkers und eine weibliche, die von Molly. "Dieser Alptraum!" stöhnte Paxton. "Il ne manquait que ça!" "Unmöglich?" fragte unvermutet Molly, Gregorys letztes Wort wiederholend. "Was ist unmöglich?"
"Ach –", sagte Gregory verlegen und zögerte mit der Antwort.
Dafür gab Spiller die Erklärung.

"Aber selbstverständlich kann Gregory tausend Pfund aufbringen", sagte Molly, nachdem sie gehört hatte, worum es sich handelte. Sie musterte ihn mit empörter Verachtung, als wolle sie ihm Geiz vorwerfen.

"Dann wissen Sie über mich besser Bescheid als ich", sagte Gregory in dem Versuch, die Sache von der überlegen-scherzhaften Seite zu nehmen. Er erinnerte sich, was ihm ein beneidenswert erfolgreicher Freund über Komplimente gesagt hatte. "Molly, wie reizend Sie in diesem weißen Kleid aussehen!" sagte er und nahm seinem Lächeln die bloße Scherzhaftigkeit mit einem Blick, der zugleich dreist und zärtlich sein sollte. "Zu reizend!" wiederholte er und klemmte sich das Monokel ein, um sie zu betrachten.

"Danke", sagte sie und hielt unverwandt seinem Blick stand. Aus ihren glänzenden Augen sprach gelassene Ruhe. Vor diesem festen und durchdringenden Blick schrumpfte seine Scherzhaftigkeit ebenso wie sein Versuch zu dreister Zärtlichkeit kläglich zusammen. Er wandte die Augen ab und ließ sein Monokel fallen. Es war eine Waffe, mit der er nicht umzugehen wußte oder wagte – er sah damit nur lächerlich aus. Er glich dann Mrs. Labadie mit ihrem Pferdegesicht, wenn sie kokett mit dem Fächer hantierte.

"Ich will auf alle Fälle gern mit dir über die Angelegenheit sprechen", sagte er zu Spiller, froh über einen Vorwand, diesem Blick auszuweichen. "Aber ich versichere dir, daß ich wirklich nicht... jedenfalls nicht tausend", erklärte er, während ihm zu seiner Verzweiflung bewußt wurde, daß er ganz gegen seinen Willen zur Kapitulation gezwungen worden war.

"Molly!" rief Paxton laut.

Folgsam setzte sie sich zu ihm aufs Sofa.
"Nun, Tom", sagte sie und legte ihre Hand auf sein Knie, "wie geht es dir?"
"Wie es mir immer geht, wenn du in der Nähe bist", antwortete er in tragischem Ton, "es macht mich verrückt." Er legte seinen Arm um ihre Schulter und beugte sich zu ihr. "Völlig wahnsinnig."
"Es wäre mir lieber, wenn wir nicht so säßen, weißt du?" Sie lächelte ihm zu, und sie sahen sich in die Augen. Dann nahm Paxton seinen Arm von ihrer Schulter und lehnte sich in seine Sofaecke zurück.
Als Gregory die beiden so sah, war er plötzlich überzeugt, daß sie ein Verhältnis miteinander hätten. Wir müssen wohl unbedingt das Gemeinste lieben, sobald wir seiner ansichtig werden. Alle Liebhaber Mollys waren so: rohe, brutale Gesellen.
Er wandte sich an Spiller. "Sollten wir nicht zu mir nach Hause gehen?" schlug er vor und unterbrach ihn mitten in einem langen erläuternden Vortrag über das Zeitschriftenprojekt. "Da hätten wir mehr Ruhe und bessere Luft." Molly und Paxton, Molly und dieses versoffene Scheusal. War es möglich? Doch, es war gewiß, er hatte nicht den geringsten Zweifel. "Laß uns diese abscheuliche Umgebung schleunigst verlassen", fügte er hinzu.
"Gut." Spiller war einverstanden. "Nur noch einen letzten Schluck Whisky für den Weg." Er griff nach der Flasche.
Gregory trank fast ein halbes Glas puren Whisky. Nach ein paar Schritten unten auf der Straße stellte er fest, daß er ziemlich beschwipst war.
"Bei mir muß der Herdeninstinkt wohl sehr schwach

entwickelt sein“, sagte er. ”Wie mir solche Menschenansammlungen verhaßt sind!“ Molly und Paxton-Silen! Er stellte sich ihre Liebkosungen vor. Und da hatte er wirklich geglaubt, sie habe sich gefreut, ihn zu sehen, als sie ihn in der Menge erkannt hatte.
Sie waren nun auf dem Bedford Square. Die Anlagen waren so geheimnisvoll dunkel wie ein Wald in der freien Natur. Der Wald draußen und der Whisky innen bewirkten, daß Gregorys Melancholie in Gesang mündete. Che farò senz' Euridice? sang er mit weicher Stimme.
”Du kommst ganz gut auch ohne sie aus“, bemerkte Spiller als Antwort auf die gesungene Frage. ”Da haben wir den Schwindel und Stumpfsinn der Liebe. Jedesmal ist man überzeugt, daß es diesmal etwas ganz Besonderes, etwas für immer sei. Man hat ein Gefühl von Unendlichkeit. Und das jedes Mal wieder. Aber nach drei Wochen beginnt man, sie lästig zu finden; oder eine andere macht dir schöne Augen, und das unendliche Gefühl wird auf sie übertragen, und ab geht's in ein neues Ewigkeits-Wochenende. Es ist eine Art Schabernack. Stupide und unangenehm. Aber die Natur hat nun einmal einen anderen Humor als wir.“
”Du meinst, dieses Unendlichkeitsgefühl ist ein schlechter Scherz der Natur?“ fragte Gregory gereizt. ”Da bin ich anderer Meinung. Ich glaube, es stellt etwas Wirkliches dar, das außerhalb unser existiert, etwas in der Anordnung des Kosmos.“
”Für jede Geliebte ein neuer Kosmos?“
”Aber wenn es in einem Leben nur ein einziges Mal geschieht?“ fragte Gregory in etwas rührseligem Ton. Er wollte gern dem anderen zu verstehen geben, wie

sehr er wegen Molly litt, und wieviel unglücklicher er war als irgend jemand zuvor.

"Das gibt es nicht", sagte Spiller.

"Aber wenn ich dir sage, daß es so ist?" Gregory mußte aufstoßen.

"Das wäre nur einem Mangel an Gelegenheit zuzuschreiben", widersprach Spiller in seinem wissenschaftlichsten, apodiktischsten Ton, gleichsam ex cathedra.

"Ich kann dir da nicht zustimmen", brachte Gregory mit Mühe hervor. Er entschloß sich, über sein Unglück zu schweigen. Spiller war am Ende doch kein verständnisvoller Zuhörer. Der grobe, gefühllose Kerl!

"Was mich persönlich angeht", fuhr Spiller fort, "so habe ich längst darauf verzichtet, den Sinn in alledem entdecken zu wollen. Ich nehme diese unendlichen Emotionen als das, was sie sind: höchst stimulierend und erregend, solange sie währen und versuche gar nicht erst, sie rational zu deuten. Das ist die einzig vernünftige, wissenschaftliche Methode im Umgang mit Tatsachen."

Sie schwiegen, bis sie die strahlend beleuchtete Tottenham Court Road erreichten. Auf dem glatten Fahrdamm spiegelten sich die Bogenlampen. Die Eingänge zu den Kinopalästen glichen Höhlen, die von blendend gelbem Licht erfüllt waren. Ein Autobus brauste vorüber.

"Diese unendlichen Emotionen sind gefährlich", setzte Spiller fort. "Bei mir war es damit einmal so weit gekommen, daß ich fast in die Ehe geschlittert wäre. Es begann auf einem Dampfer. Du weißt, wie es auf einem Schiff zugeht, und kennst die einem Aphrodisiakum gleichkommenden Wirkungen einer Seereise auf Neulinge, insbesondere Frauen! Damit sollte sich einmal ein guter Physiologe wissenschaftlich beschäftigen. Vielleicht beruht diese Wirkung auch einfach auf Nichtstun, üppiger Ernährung und ständiger Nähe. Doch ich bezweifle, daß man zu gleichen Resultaten bei gleichen Bedingungen an Land käme. Vielleicht untergräbt der totale Wechsel der Umgebung, nämlich vom Land zum Wasser, die üblichen Vorurteile. Vielleicht spielt auch gerade die Kürze der Reise eine Rolle – das Bewußtsein, daß bald das Ende kommt und man das Eisen schmieden muß, solange es heiß ist. Wer kann es sagen?“ Er zuckte die Schultern. ”Es ist jedenfalls sehr merkwürdig. Wie gesagt, es begann auf einem Dampfer.“

Gregory hörte ihm zu. Noch vor ein paar Minuten hatten die Bäume von Bedford Square mit ihrem Dunkel ihn in seiner alkoholisierten Sentimentalität merkwürdig angerührt. Doch jetzt waren die Lichter, der Lärm und Verkehr auf Tottenham Court Road ihm nicht nur vor den Augen, sondern auch gleichsam dahinter, in ihm. Grinsend hörte er zu. Die Geschichte zog sich noch ein gutes Stück die Charing Cross Road hin.

Nachdem Spiller geendet hatte, war Gregory in bester, heiterster Laune. Er hatte sich mit Spiller solidarisiert; Spillers Abenteuer waren die seinen geworden. Er lachte lauthals und klemmte das Monokel ein, das die ganze Zeit an der Schnur gebaumelt und bei jedem Schritt mit einem hellen Klang gegen seine Westenknöpfe geschlagen hatte. (Ein gebrochenes Herz – das mußte jeder begreifen, der nur eine Spur von Sensibilität besaß – vertrug sich nicht mit dem Tragen eines Monokels.) Aber jetzt kam auch er sich wie ein Windhund und Herzensbrecher vor. Doch da setzte wieder der Schluckauf ein. Eine Andeutung von Übelkeit dämpfte ein wenig seine fröhliche Laune, aber es war nur eine sehr schwache Andeutung. O ja, auch er wußte, wie es an Bord solcher Dampfer zuging, wenn auch seine längste Seereise nicht weiter als von Newhaven bis Dieppe gegangen war.

Als sie Cambridge Circus erreichten, leerten sich gerade die Theater. Auf den Bürgersteigen drängten sich die Leute. Es war laut, und die Luft war von den Parfums der Damen geschwängert. Über ihnen zuckten und blitzten die Leuchtreklamen, und aus den Vestibüls drang grell das Licht. Es war ein unaristokratischer, vulgärer Aufwand, und Gregory fühlte sich ohne Schwierigkeiten darüber erhaben. Durch sein Zyklopenmonokel musterte er neugierig jede Frau, die ihnen begegnete. Er fühlte sich wundervoll leichtsinnig (die Übelkeit war nur die Andeutung einer unangenehmen Empfindung), wundervoll vergnügt und – ja, das war merkwürdig – groß: überlebensgroß. Und was Molly Voles betraf, so wollte er es ihr schon zeigen!

"Ein reizendes Geschöpf", sagte er, indem er auf ein Cape aus rosa Seide und Gold zeigte, gekrönt von einem kurzgeschorenen, goldenen Haupt.

Spiller nickte gleichgültig. "Übrigens, was unsere Zeitschrift betrifft", sagte er nachdenklich, "so dachte ich daran, sie mit einer Aufsatzserie über die metaphysischen Grundlagen der Wissenschaft zu beginnen – über die historischen und philosophischen Argumente für die Annahme, daß die wissenschaftliche Wahrheit wahr ist."

"Ah ja", sagte Gregory.

"Und dazu eine Reihe von Beiträgen über Bedeutung und Ziel der Kunst. In beiden Fällen ist das Problem von Grund auf zu behandeln. Keine schlechte Idee, was meinst du?"

"Nicht schlecht", sagte Gregory. Einer seiner Monokelblitze war mit einem einladenden Lächeln erwidert worden. Leider war die Dame häßlich und offensichtlich beruflich unterwegs. Hochmütig sah er starr an ihr vorbei, als wäre sie nicht da.

"Ich bin mir zum Beispiel nie sicher, ob Tolstoi recht hatte", sagte Spiller sinnend. "Stimmt es wirklich, daß die Funktion der Kunst die Vermittlung von Emotion ist? Zum Teil ja, würde ich sagen, aber nicht nur, nicht ausschließlich." Und er schüttelte den großen Kopf.

"Ich habe den Eindruck, daß ich allmählich betrunkener werde", sagte Gregory, mehr zu sich selbst als zu dem anderen. Zwar ging er noch gerade, war sich aber dabei dieses Umstandes bewußt, eben zu bewußt. Und diese Andeutung, dieser Verdacht einer Übelkeit war nicht länger unbegründet.

Spiller hatte die Bemerkung Gregorys nicht gehört, oder wenn er sie gehört hatte, so ignorierte er sie. "Für mich", fuhr er fort, "besteht die Hauptfunktion der Kunst darin, Wissen zu vermitteln. Der Künstler weiß mehr als wir anderen. Er ist dazu geboren, mehr über seine Seele zu wissen, als wir über unsere Seele wissen, und mehr über die Beziehung zwischen seiner Seele und dem Kosmos. Er nimmt ein Wissen vorweg, das bei einem höheren Stand der Entwicklung Allgemeingut sein wird. Die meisten unserer Modernen sind Primitive, verglichen mit den Fortgeschrittensten der toten Künstler."

"Sehr richtig", sagte Gregory, ohne zuzuhören. Seine Gedanken waren woanders, nämlich da, wo seine Blicke waren.

"Außerdem", fuhr Spiller fort, "kann er sagen, was er weiß, und es so sagen, daß unser eigenes rudimentäres, unzusammenhängendes und nicht ganz vergegenwärtigtes Wissen von dem, worüber er spricht, sich zu einer Art Muster zusammensetzt wie eiserne Späne unter dem Einfluß eines Magneten."

Es waren drei von der Sorte – hinreißend, aufreizend, jung –, die an der Kante des Bürgersteigs zusammen standen. Plaudernd musterten sie mit vor Spottlust blitzenden Augen jeden, der vorbeikam, und tauschten ihre Kommentare in einem durchaus vernehmbaren Flüsterton aus oder brachen gar in unbändiges, gellendes Gelächter aus. Als Spiller und Gregory näher kamen, wurden sie von einer der drei entdeckt, die darauf ihre Kolleginnen anstieß.

"O Gott, o Gott!"

Sie kicherten, sie lachten lauthals, dann wanden sie sich vor spöttischem Amüsement.

"Guck dir den ollen Golliwog (schwarze Puppe) an!" Das galt Spiller, der, den breitkrempigen grauen Hut in der Hand, barhaupt daherkam. "Und der Geck neben ihm!" Ein neuer Ausbruch schriller Belustigung für den Monokelträger.

"Es ist diese magnetische Kraft", fuhr Spiller fort, übrigens ohne die Szene reizender Verspottung, deren

Gegenstand er war, im geringsten zur Kenntnis zu nehmen, "diese Kraft, ein geistiges Chaos nach einem bestimmten Muster zu ordnen, die bewirkt, daß eine mit den Mitteln der Poesie und der Kunst geäußerte Wahrheit größere Bedeutung hat als die wissenschaftlich, sozusagen in Prosa geäußerte Wahrheit."

Gregory drohte den Spötterinnen scherzhaft mit dem Finger. Die Antwort fiel noch schriller aus als zuvor. Die beiden Männer gingen an ihnen vorbei, und lächelnd drehte sich Gregory noch einmal nach ihnen um. Er fühlte sich so vergnügt und unbeschwert wie schon lange nicht mehr; aber aus jener Andeutung, jenem Verdacht wurde Gewißheit.

"Ich weiß zum Beispiel sehr wohl", fuhr Spiller fort, "daß alle Menschen sterblich sind. Aber dieses Wissen erhält Form und Gestalt, ja es wird verstärkt und vertieft, wenn Shakespeare davon spricht, daß 'alle unsre Gestern führten Narren / Den Pfad des staubigen Tods. – Aus! kleines Licht. Leben ist nur ein wandelnd Schattenbild...'"

Gregory suchte nach einer Ausrede, um seinem Freund zu entkommen und mit den dreien zu flirten. Er wollte ihnen allen gleichzeitig seine Liebe schenken.

La touffe échevelée
De baisers que les dieux gardaient si bien mêlée.

Der Vers von Mallarmé kam ihm in den Sinn, als wolle er seinem unbestimmten Verlangen (der alte Dummkopf von Spiller hatte natürlich ganz recht!) erst die allereleganteste Form verleihen. Spillers Worte kamen jetzt wie aus weiter Ferne zu ihm.

"Und die Coriolan-Ouvertüre ist ebenso eine neue

Erkenntnis, wie sie die Ordnung eines bereits vorhandenen, doch chaotisch ungeordneten Wissens ist."
Gregory erwog, unter dem Vorwand eines natürlichen Bedürfnisses, ins Monico zu gehen, zu verschwinden und nicht wiederzukommen. Blöder Kerl mit seinem Gefasel! Nicht, daß es bei einer anderen Gelegenheit nicht ganz interessant gewesen wäre! Aber in diesem Augenblick... Und natürlich bildete er sich ein, daß er, Gregory, ihm tausend Pfund pumpen würde! Darüber hätte er laut lachen können. Doch in seinen Spott mischte sich jetzt das unbehagliche Gefühl, daß seine Betrunkenheit eine neue und beunruhigende Form angenommen hatte.
Er hörte, wie Spiller sagte: "Einige Landschaften von Cézanne –", als plötzlich, ein paar Schritte weiter, aus einem dunklen Hausflur ein Etwas auftauchte, langsam, mit zitterigen Bewegungen: ein Bündel schwarzer Lumpen, das sich auf einem Paar alter, ausgetretener Stiefel fortbewegte, und das mit einem verbeulten, zerrissenen Hut bedeckt war. Das Gesicht war aschfahl und ausgezehrt. In einer Hand hielt es ein kleines Tablett mit Streichholzschachteln. Es öffnete den Mund und ließ eine von zwei oder drei Lücken unterbrochene Reihe verfärbter Zähne sehen. Dieses Wesen sang irgend etwas mit fast unhörbarer Stimme. Gregory glaubte "Näher, mein Gott, zu Dir!" zu erkennen. Jetzt waren sie fast auf gleicher Höhe.
"Es gibt Fresken von Giotto", fuhr Spiller mit seiner nicht enden wollenden Aufzählung fort, "oder gewisse frühgriechische Skulpturen –"
Das Wesen sah zu ihnen hinüber, und Gregory begegnete seinem Blick. Er riß das linke Auge auf, und

das Monokel fiel, bis es am Ende der seidenen Schnur baumelte. Er griff mit der Hand tastend in die rechte Hosentasche, in der er sein Silbergeld trug, und suchte nach einem Sixpencestück oder vielleicht auch einer Schillingmünze. Aber in der Tasche befanden sich nur vier Halbkronenstücke. Eine halbe Krone? Zögernd zog er eine der Münzen halb aus der Tasche, um sie dann wieder klimpernd zurück fallen zu lassen. Darauf fuhr er mit der Linken in die andere Hosentasche und zog sie gefüllt wieder heraus. Er legte auf das ihm entgegengehaltene Tablett drei Pennies und einen Halfpenny.

"Nein, danke, ich brauche keine Streichhölzer", sagte er.

Äußerungen der Dankbarkeit unterbrachen den frommen Gesang. Noch nie in seinem Leben hatte sich Gregory so geschämt. Das Monokel schlug klimpernd gegen die Westenknöpfe. Bedachtsam setzte er einen Fuß vor den anderen. Er ging sehr gerade, aber ein bißchen so wie auf dem Drahtseil. Noch eine Beleidigung für das Lumpenbündel. Wollte Gott, er wäre nüchtern! Wollte Gott, er hätte nicht so leidenschaftlich dieses "zerzauste Büschel von Küssen" begehrt! Drei und ein halber Penny! Aber er konnte ja noch umkehren und ihm eine halbe Krone geben, oder zwei halbe Kronen. Noch konnte er zurücklaufen. Schritt für Schritt bewegte er sich auf dem gespannten Drahtseil vorwärts, bemüht, mit Spiller Schritt zu halten. Vier Schritte, fünf... elf, zwölf, dreizehn Schritte. Was für ein Unstern! Achtzehn Schritte, neunzehn... Zu spät; jetzt wäre es lächerlich, umzukehren, es wäre gar zu albern. Dreiundzwanzig, vier-

undzwanzig Schritte. Die Andeutung einer Übelkeit wurde zu einer zunehmenden Gewißheit.
"Aber zugleich", sagte Spiller, "sehe ich tatsächlich nicht, wie die meisten der wissenschaftlichen Wahrheiten und Hypothesen je ein Gegenstand der Kunst werden könnten. Ich begreife nicht, wie man ihnen eine poetische und emotionale Bedeutung geben kann, ohne daß sie ihre Präzision verlören. Wie könnte man beispielsweise der elektromagnetischen Lichttheorie eine bewegende literarische Form geben? Es ist einfach unmöglich."
"Um Himmels willen!" entfuhr es Gregory in einem plötzlichen Wutausbruch, "hör damit auf! Wie kannst du nur in einem fort reden und reden?" Er mußte wieder aufstoßen, lauter und bedrohlicher als zuvor.
"Warum denn nicht, um alles in der Welt?" fragte Spiller leicht verwundert.
"Über Kunst und Wissenschaft und Poesie reden", sagte Gregory mit tragischem Tonfall und fast mit Tränen in den Augen, "wenn in England zwei Millionen Menschen vom Hungertod bedroht sind. Zwei Millionen!" Die Wiederholung sollte die rhetorische Wirkung verstärken, nur kam jetzt der Schluckauf wieder, und er fühlte sich nun wirklich ziemlich elend.
"Die in stinkenden Löchern hausen", fuhr er in einem Decrescendo fort, "wahllos zusammengepfercht wie die Tiere. Schlimmer als Tiere."
Sie hatten haltgemacht und standen sich gegenüber.
"Wie kannst du nur?" fragte Gregory und versuchte, die vor einem Augenblick geäußerte edle Empörung noch einmal aufzubringen. Aber Vorboten des Brechreizes krochen aus seinem Magen herauf wie die aus

einem Sumpf aufsteigenden giftigen Dämpfe und vertrieben jeden anderen Gedanken und jedes andere Gefühl in ihm bis auf diese schreckliche Angst, sich übergeben zu müssen.

Das breitflächige Gesicht Spillers verlor mit einemmal seine Monumentalität und seine Ähnlichkeit mit viktorianischen Berühmtheiten; es schien auseinanderzufallen. Der Mund öffnete sich, die Augen verschwanden hinter Fältchen und Falten, die Stirn kräuselte sich, und die tiefen Furchen auf beiden Seiten der Nase bis zum Mundwinkel dehnten sich aus und zogen sich wieder zusammen wie ein verrückt gewordener Handschuhspanner. Es war, als explodierte er; sein ganzer großer Körper wurde von einem gigantischen Gelächter geschüttelt.

Geduldig – denn Geduld war alles, was ihm geblieben war, Geduld und eine schwindende Hoffnung – wartete Gregory auf ein Abklingen dieses Lachanfalls. Er hatte sich zum Gespött gemacht, und man lachte ihn aus. Aber es kümmerte ihn schon nicht mehr.

Endlich hatte sich Spiller so weit erholt, daß er wieder sprechen konnte. "Mein lieber Gregory, du bist wundervoll", brachte er, um Atem ringend, hervor. Die Tränen standen ihm in den Augen. "Einfach superb!" Freundschaftlich faßte er ihn unterm Arm und ging, noch immer lachend, weiter. Auch Gregory ging notgedrungen weiter; er hatte keine andere Wahl.

"Wenn du nichts dagegen hast", sagte er nach ein paar Schritten, "nehmen wir ein Taxi."

"Was? Bis zur Jermyn Street?" fragte Spiller.

"Ja, ich glaube, es wäre besser", sagte Gregory.

Beim Einsteigen war er so ungeschickt, daß sich sein

Monokel im Türgriff verfing. Die Schnur riß, und das Glas fiel auf den Boden des Autos. Spiller hob es auf und reichte es ihm.
"Danke", sagte Gregory und brachte es in Sicherheit, indem er es in die Westentasche steckte.

Die Geschichte vom Hasen der seine Brille verlor

Auf ihrer Schallplatte
»A Passion Play« hat der Keyboarder
der legendären Rockgruppe Jethro Tull, *Jeffrey Hammond*
eine kleine, fast kindische Parabel
erzählt, die sich in der Übersetzung
von Karl Schramm, Gerard J. Burns
und Kathrin Razum so zuträgt

Dies ist die Geschichte vom Hasen, der seine Brille verlor.
Eule liebte es, sich still auszuruhen, solange niemand zusah. Eines Tages, als sie auf einem Zaun saß, war sie überrascht, als plötzlich ein Känguruh ganz nah vorbeilief.
Nun mag das nichts Besonderes sein, aber als Eule zufällig hörte, wie Känguruh niemand Bestimmtem zuflüsterte: "Der Hase hat seine Brille verloren", da fing sie doch an, sich zu wundern.
Bald kam der Mond hinter einer Wolke hervor, und dort, auf der Wiese liegend, befand sich Hase. Im Bach, der an der Wiese vorbeifloß —— ein Molch. Und rittlings auf dem Ast eines Busches sitzend —— eine Biene.
Bewegungslosigkeit vortäuschend zitterte Hase vor Aufregung, denn ohne seine Brille erschien er vollkom-

men hilflos. Wo war seine Brille? Konnte sie jemand gestohlen haben? Hatte er sie verlegt? Was sollte er tun? Biene wollte helfen, und da sie dachte, sie hätte die Antwort, begann sie: "Du hast sie wahrscheinlich gegessen und für eine Karotte gehalten."
"Nein", unterbrach Eule, die weise war. "Ich habe gute Sehkraft, Einsicht und Voraussicht. Wie könnte ein intelligenter Hase so einen dummen Fehler machen?"
Aber die ganze Zeit hatte Eule mißmutig auf dem Zaun gesessen! Känguruh wurde fuchsteufelswild bei dieser Art von Geschwätz. Es fühlte sich den anderen weit überlegen, was die Intelligenz betraf. Es war ihr Führer; ihr Guru. Es hatte die Antwort: "Hase, du mußt den Optiker aufsuchen."
Aber dann wurde ihm klar, daß Hase ohne seine Brille total hilflos war. Und schließlich rief Känguruh laut aus: "Ich kann Hase überhaupt nirgendwohin auf die Suche schicken !"
"Du kannst es, Guru, du kannst es!" rief Molch, "Du kannst ihn mit Eule schicken." Aber Eule war eingeschlafen. Molch wußte zu viel, um von so einem kleinen Problem aufgehalten zu werden —— "Du kannst ihn in deinen Beutel stecken." Aber leider war Hase viel zu groß, um in Känguruhs Beutel zu passen.
Die ganze Zeit war es Hase ziemlich klar, daß die anderen nichts über seine Brille wußten. Und was all ihre verlockenden Ideen betraf, nun, Hase kümmerte sich nicht darum.
Die verlorene Brille war seine eigene Angelegenheit.
Und schließlich hatte Hase ja noch eine Ersatzbrille.

ENDE

Kurzsichtigkeit:
Eine Nacht

In seiner Gedichtsammlung
»Für die Toten der Union« hat *Robert Lowell*
dessen Dichtung derzeit eine
späte Würdigung erfährt,
eine Kriegsnacht als all das
beschrieben, was zwischen Ab-
setzen und Wieder-Aufsetzen
seiner Brille geschehen ist –
übertragen von Curt Meyer-Clason

Bett, Brille ab, und alles ist
verwackelt, schlierig, irr
für den Kurzsichtigen, kaum
einen Fuß entfernt.
Das Licht brennt
noch einen Augenblick. Hier
sind die verschwommenen Titel, die
Bücher hier sind blaue Hügel, Braun,
Grün, Felder oder Farbe.
Das
ist die Abfahrtsbahn,
die Traumstraße. Wer immer sie baute

hinterließ Zahlen, Wörter, Pfeile.
Der hatte es eilig fortzukommen.

Ich sehe
ein trübes und fremdes Zimmer,
meine Studierzelle,
weiß, erhellt von weißen Rohren,
Ladestöcke von Dampf... Ich höre
das einsame Metall atmen
und gurgeln wie Kranke.
Dennoch meiden meine Augen
diesen Raum. Nicht nötig zu sehen.
Nicht nötig zu wissen ich hoffte
sein blankes, tonangebendes Weiß
werde das Verschwommene fortbrennen,
da meine fünf Sinne die Zähne
zusammenbissen, Gedanke geheftet an Gedanke
wie durch ein Nadelöhr...

Ich sehe den Morgenstern...

Denke an ihn im Garten,
jene Saat der Weisheit, Evas
Verführer, angefüllt mit des Menschen

Verderbnis, angefüllt mit Triumph:
Satan triumphierend in
dem Garten! In einer Sekunde
verwandelte sich all die blendende Helligkeit
in eine Schlange,
die auf dem Bauch kroch.

Was hat diesen Haushalt gestört?
Nur einen Fußbreit weiter
verschwimmen die vertrauten Gesichter.
Mit fünfzig sind wir so zerbrechlich,
eine Feder...

Die Dinge des Auges sind getan.
Auf dem schwarzen Leuchtzifferblatt
grüne Ziffern eines neuen Mondes –
eins zwei drei vier fünf sechs!
Ich atme und kann nicht schlafen.
Dann kommt der Morgen und
spricht: »Das war eine Nacht.«

Der Herr mit dem Monokel

Nichts gehört so sehr zu dem klassischen "Einglas" wie eben jener tragische Moment, da es aus der Augenhöhle stürzt, und skizziert in diesem Moment ein ganzes Jahrhundert, eine ganze Denkwelt und Welthaltung

Josef Roth

Der Herr trug in der rechten Augenhöhle ein Monokel. Es hatte den Anschein, als bildete er sich ein, der einzig in dieser Stadt, in dieser großen Stadt, ja vielleicht im Lande zu sein, der nicht nur ein Monokel trage, sondern es auch zu tragen verstehe. Und er trug es, wie ich ihm aufrichtig einräumen will, beherrscht und sicher. Es bestand nicht die geringste Gefahr, daß dieses Monokel jemals aus der Augenhöhle fallen und mit leise klagendem Klang auf dem harten Pflaster zersplittern könnte. Es war so, als stünde der Herr nicht lebendig und körperlich am Rand des Bürgersteigs, um die Straßenbahn zu erwarten, sondern, als wäre er eine Figur aus dem Modeheft für elegante Herren, bei deren Anblick wir, wenn sie ein Einglas trägt, auch nicht die nervöse Furcht hegen, daß das zarte Instrument zerbrechen könnte.

Der Herr trug einen weichen Filzhut, der aber so genau und ernsthaft, so gerade und so minutiös in der

Mitte geknickt, auf dem Haupte saß, daß er aussah wie ein steifer Zylinder von einer ungewohnten Form. Die Hände des Herrn waren mit grauen Lederhandschuhen bekleidet, weichen, grauen Lederhandschuhen, die gleichsam die Pupille des Betrachters streichelten. In einem scharfen Bug fiel die Hose auf den Schuh aus Lack und Wildleder. Das Angesicht des Herrn gestand gar nichts. Es war eine verstockte Physiognomie, die grundsätzlich alles leugnete und verschwieg, wie etwa das Antlitz eines toten Pharaonenkönigs, den man Jahrtausende nach seinem Seligwerden mumifiziert im Sarkophag findet.

Das Angesicht dieses Herrn mumifizierte das Monokel. Es war so, als hätte der Herr, der sich im besten Mannesalter befinden mochte, seit seiner Geburt gar nichts von Bedeutung erlebt; ja, als wäre er als eine bewegungsfähige Mumie zur Welt gekommen, um ihr Licht durch die Vermittlung eines Monokels zu erblicken. Dieses brachte nur eine tote Asymmetrie in das Angesicht. Denn ein Monokel in der rechten Augenhöhle zwingt den Träger, die ganze rechte Gesichtshälfte zu straffen, die rechte Schläfenhaut bald zu falten und bald glatt zu spannen und den rechten Mundwinkel, wenn auch ein wenig, so doch immerhin merkbar in die Höhe zu ziehen. Das Monokel dirigiert ferner die Gedanken in eine bestimmte Richtung, und sie kreisten, wenn auch unterbewußt, stets um die Sorge, was mit dem Einglas geschehen würde, wenn diese oder jene Überraschung sich ereignete. Deshalb scheint es uns, daß den Herrn, der ein Monokel trägt, nichts überrasche. In Wirklichkeit ist er eine Sekunde später erschrocken, schmerzlich oder freudig bewegt als die anderen. So hindert ihn das Monokel, die jäh wechselnden Zeitereignisse sofort zu erfassen. So ahnt er zum Beispiel noch nichts von einer Revolution, weil er inzwischen um die Sicherheit des Monokels besorgt ist. Und er ist verurteilt, einen Witz viel später zu verstehen als wir. Seine Erlebnisse gelangen nicht aus erste Hand, nicht unmittelbar und frisch in sein Bewußtsein, sondern altbacken, ausgekühlt und wirkungslos. Daher kommt es, daß sein Angesicht so leer ist und so vornehm verschwiegen.

Ich war gerade mit diesen Betrachtungen beschäftigt, als ich zu merken glaubte, daß der Herr mit dem Monokel ungeduldig zu werden begann. Gewöhnliche Menschen verraten ihre Ungeduld, indem sie plebejisch einen Fuß auf den anderen setzen und also ihren Zustand uns, die es gar nicht angeht, geradezu aufdringlich bemerkbar machen. Dieser Herr aber begann seine Handschuhe zu glätten, als wäre ihre weiche Sanftheit überhaupt noch steigerungsfähig. Er tritt sozusagen von einer Hand auf die andere, wie Plebejer es mit den Füßen zu tun pflegen. Aber es kam keine Straßenbahn.

Statt ihrer kam ein Autobus. Und nun geschah etwas Unerwartetes: Das Gehirn des Herrn revoltierte gegen die Diktatur des Monokels, es faßte zuerst den kühnen Gedanken, den Autobus statt der Straßenbahn zu benützen, setzte die Füße des Herrn in Bewegung, so daß dieser zu laufen anfing. Aber, wie es nun einmal mit subordinierten Naturen zu sein pflegt: das rebellische Gehirn fiel in seine alte Abhängigkeit vom Monokel zurück, gebar hurtig einen neuen Sorgengedanken, so daß der Herr mitten im Laufen den

rechten Arm erhob, mit dem Ärmel das Einglas streifte und es zu Boden fallen ließ, wo es leider mit einem wehmütigen silbernen Klirren zerschellte. Indes fuhr der eilige Autobus ab, und der Herr kehrte an den Rand des Bürgersteigs zurück.
Jetzt war sein rechtes Auge nackt, und der rechte Mundwinkel begann unmerklich abwärtszugleiten, wie eine austarierte Waagschale. Das Angesicht belebte sich. Es wurde traurig und verlegen. Der Blick schweifte geradeaus, mit dem Willen, nichts zu sehn, und sah doch gezwungen die gegenüberliegende Straßenseite, ihre Menschen, einen Hund an der Litfaßsäule, einen stürzenden Radfahrer, einen kleinen Zusammenstoß. Das Gehirn des Herrn begann, Erlebnisse zu sammeln. Und weil die Straßenbahn noch immer nicht kam, ereignete sich das Allerschrecklichste: Der Herr, dieser vornehme Herr, begann, von einem Fuß auf den anderen zu treten. Es war wie eine sichtbar fortschreitende Proletarisierung des gebildeten Mittelstandes. Von Sekunde zu Sekunde wurde der Herr menschlicher. Jetzt sah man auch deutlich, daß er Eile hatte; daß er eine sterbende Tante erreichen wollte; oder sein Mittagessen; oder eine Pokerpartie; oder eine Verschwörung gegen die Republik. Er wurde verständlich, wenn auch noch immer nicht sympathisch. Und wenn er unterwegs kein neues Monokel gekauft hat, so darf er hoffen, in zehn Jahren sogar vernünftig zu werden.

Wo ist meine Brille?

Was gehörte sonst so sehr zur Brille, wie die Suche nach ihr? – Und wer sonst als der große *Karl Valentin* **sollte die rasende Mischung aus Zorn, Verzweiflung und "Aussichts-losigkeit" dieser Suche fassen?**

MANN Klara! Ich finde meine Brille nicht. Weißt Du, wo meine Brille ist?

FRAU In der Küche hab ich sie gestern liegen sehen.

MANN Was heißt gestern! Vor einer Stunde hab ich doch noch gelesen damit.

FRAU Das kann schon sein, aber gestern ist die Brille in der Küche gelegen.

MANN So red doch keinen solchen unreinen Mist, was nützt mich denn das, wenn die Brille gestern in der Küche gelegen ist!

FRAU Ich sag Dirs doch nur, weil Du sie schon ein paarmal in der Küche hast liegen lassen.

MANN Ein paarmal! – Die habe ich schon öfters liegen lassen, – wo sie jetzt liegt, das will ich wissen!

FRAU Ja, wo sie jetzt liegt, das weiß ich auch nicht; irgendwo wird s' schon liegen.

MANN Irgendwo! Freilich liegt s' irgendwo – aber wo – wo ist denn irgendwo?

FRAU Irgendwo? Das weiß ich auch nicht – dann liegt s' halt woanders!

MANN Woanders! – Woanders ist doch irgendwo.

FRAU Ach, red doch nicht so saudumm daher, woanders kann doch nicht zu gleicher Zeit "woanders" und "irgend wo" sein! – Alle Tage ist diese Sucherei nach der saudummen Brille. Das nächste Mal merkst Dir halt, wo Du sie hinlegst, dann weißt Du, wo sie ist.

MANN Aber Frau!!! So kann nur wer daher reden, der von Brille keine Ahnung hat. Wenn ich auch weiß, wo ich sie hingelegt hab, das nützt mich gar nichts, weil ich doch nicht sehe, wo sie liegt, weil ich doch ohne Brille nichts sehen kann.

FRAU Sehr einfach! Dann mußt Du eben noch eine Brille haben, damit Du mit der einen Brille die andere suchen kannst.

MANN Hm! Das wär ein teurer Spaß! 1000mal im Jahr verleg ich meine Brille, wenn ich da jedesmal eine Brille dazu bräuchte – die billigste Brille kostet 3 Mark – das wären um 3000 Mark Brillen im Jahr.

FRAU Du Schaf! Da brauchst Du doch nicht 1000 Brillen!

MANN Aber 2 Stück unbedingt, eine kurz- und eine weitsichtige. – Nein, nein, da fang ich lieber gar nicht an. Stell Dir vor, ich habe die weitsichtige verlegt und habe nur die kurzsichtige auf, die weitsichtige liegt aber weit entfernt, so daß ich die weitsichtig entferntliegende mit der kurzsichtigen Brille nicht sehen kann!

FRAU Dann läßt Du einfach die kurzsichtige Brille auf und gehst so nah an den Platz hin, wo die weitsichtige liegt, damit Du mit der kurzsichtigen die weitsichtige liegen siehst.

MANN Ja, ich weiß doch den Platz nicht, wo die weitsichtige liegt.

FRAU Der Platz ist eben da, wo Du die Brille hingelegt hast!

MANN Um das handelt es sich ja! – Den Platz weiß ich aber nicht mehr!

FRAU Das verstehe ich nicht. – Vielleicht hast Du s' im Etui drinnen.

MANN Ja!!! Das könnte sein! Da wird sie drinnen sein! Gib mir das Etui her!

FRAU Wo ist denn das Etui?

MANN Das Etui ist eben da, wo die Brille drinnen steckt.

FRAU Immer ist die Brille auch nicht im Etui.

MANN Doch! – Die ist immer im Etui. Außerdem hab ich s' auf.

FRAU Was? – Das Etui?

MANN Nein! – Die Brille.

FRAU Jaaaaa! Was seh ich denn da? – Schau Dir doch einmal auf Deine Stirne hinauf!

MANN Da seh ich doch nicht hinauf.

FRAU Dann greifst Du hinauf! – – Auf die Stirne hast Du Deine Brille hinauf geschoben!

MANN Ah! – Stimmt – Da ist ja meine Brille! Aber leider?!

Sehr schnell

FRAU Was leider?

MANN Ohne Etui!

Brille

Daß er je ein größeres
Blatt vor seinen Mund
genommen hätte, kann
man kaum behaupten;
und so hat der Liedermacher *Heinz Rudolf Kunze*
auch in dem Song vom
kleinen Jungen namens
"Brille" tacheles geredet

Der kleine Junge auf dem Topf
hat sonderbare Träume:
Das Auge weit wie'n Scheunentor
für stille Zwischenräume.
Die Dinge interessier'n ihn nicht,
nur ihre langen Schatten,
und was sie seinem Märchenkopf
an Einsamkeit gestatten.
Ein enges deutsches Zimmer unter Adenauers Himmel –
Ruth Leuwerik als Titelbild,
er spricht mit ihr, er küßt sie wild
und spielt mit seinem Pimmel.

Hier geht nichts mehr. Der Sack ist zu,
die Claims sind längst vergeben.
Der Vater kam zu spät vom Krieg
und wärmt sein nacktes Leben.

Die Mutter schüttet Gräber zu,
näht jede Nacht ein Sprungtuch,
nennt nie das Kind beim Namen
und die Männerwünsche UNFUCH.
Dad träumt von Peter Frankenfeld
und manchmal von Mephisto:
„Mach's besser, Junge. Sei kein Schaf.
Ich bin kein Boss
und bin kein Graf – nicht mal von Monte Christo."

Du mußt besser sein, Brille,
besser als der Rest.
Du kriegst keinen Vorsprung,
sie nageln dich am Boden fest.
Sie zertrampeln deine Gläser,
sobald du sie läßt –
du mußt besser sein, Brille,
besser, viel besser als der Rest.

Ein krüppeldickes Kellerkind
mit furchtbar guten Noten.
Die andern spielen Fußball
und belächeln den Idioten.
Sie schreiben gerne ab bei ihm,
er riecht nach Kraut und Rüben,
er ist nicht ganz von dieser Welt,
er ist ja auch von DRÜBEN.
Im Radio John Lennon,
auch so'n schräger Brillenspinner,

der zeigt, daß Noten Töne sind,
ein Notausgang für'n kluges Kind
und Träumer sind Gewinner.

Du mußt besser sein, Brille,
besser als der Rest.
Du kriegst keinen Vorsprung,
sie nageln dich am Boden fest.
Wie Freiwild gehetzt
und gemocht wie die Pest –
du mußt besser sein, Brille,
besser, viel besser als der Rest.

Jemand hält den Vorhang fest,
jemand löscht dauernd das Licht,
der Dirigent liest Liebesbriefe,
Porzellan zerbricht.
Schwalben schneiden durch die Luft,
das Publikum trägt Hclmc.
"Voller Bauch gibt schlechten Rat",
grunzen fette Schelme

Der Lehrer fragt beim Abitur:
Wo woll'n Sie hin auf Erden?
Zum Dichter, sagt er donnernd.
Na, das kann ja heiter werden.
Die andern gehn zur Bundespost,
er kämpft mit der Gitarre.
Wenn er sie auf der Straße trifft:
Ein Hauch von Leichenstarre.

Ein Mädchen küßt ihn manchmal
auf die viel zu große Klappe.
Er schwärmt ihr seine Lieder vor,
sie ist ganz hin, sie ist ganz Ohr,
ansonsten nicht von Pappe.

Du bist besser dran, Brille,
besser als der Rest.
A-Dur und vier Viertel,
und Rock'n'Roll als Härtetest.
Die andern schon scheintot,
du springst aufs Podest –
du bist besser dran, Brille,
besser, viel besser als der Rest.

Gantenbeins Blindenbrille

Wie man Romane und ihre Figuren erzählt, erzählt mit seinem Gantenbein: Der spielt zu allem die Möglichkeiten und Parallelen durch. Welche Möglichkeiten beispielsweise eröffnet es, eine schlichte, dunkle Brille aufzusetzen?

Max Frisch

Mein Name sei Gantenbein.
Ich stelle mir vor:
mein Leben mit einer großen Schauspielerin, die ich liebe und daher glauben lasse, ich sei blind; unser Glück infolgedessen.
Ihr Name sei Lila.

Die Welt hält es für einen schlichten Wahnsinn, als wir, um zu heiraten, im Blitzlicht stehen, eine Schauspielerin und ein Blinder; man gibt dieser Ehe (ich sehe es an ihren Glückwunschmienen) einen knappen Sommer bestenfalls, und ungewiß erscheint ihnen dabei nur, wer von den beiden, Lila oder Gantenbein, eigentlich das Mitleid verdiene.

Wir sind glücklich wie kaum ein Paar.
Ich stelle mir vor:

Lila betrügt mich (um dieses sehr dumme Wort zu gebrauchen) von Anfang an, aber sie weiß nicht, daß ich es sehe, und freut sich wie ein Kind, wenn ich sie draußen am Flughafen abhole, jedes Mal. Ich warte auf der Zuschauerterrasse, gestützt auf mein schwarzes Stöcklein, die Brille im Gesicht, versehen mit der gelben Armbinde. Sie winkt nicht, wenn sie dann im geführten Rudel der Passagiere über das weite Betonfeld geht, und natürlich winke ich auch nicht. Um nicht aus der Rolle zu fallen vor Freude. Ich sehe einen Herrn, der ihr den Mantel trägt, und Lila, während sie Ausschau hält, hängt ihm ein. Jetzt hat sie mich gesehen! Ich seh's. Und dann verschwinden sie unten in der Zollhalle. Nie werde ich fragen, wer dieser Herr gewesen ist. Denn Lila erwähnt ihn ja nie, und ich könnte nicht erklären, wieso ich von seiner Existenz überhaupt weiß, nicht ohne meine Rolle dadurch aufzugeben. Frage ich, wie meine Lila denn ihren ganzen Kram, Taschen und Mäntel, Schirm, Magazine und was alles zu ihr gehört, auf ihrer Reise zu schleppen gedenke, versichert sie, daß immer jemand da sei, der einer Dame hilft. Ich brauche mir darüber keine Sorge zu machen. Manchmal dauert es in der Zollhalle sehr lang, Lila kann nichts dafür. Ich liebe das Warten auf Flugplätzen, gern sehe ich die Düsenflugzeuge, ob es regnet oder nicht, und gern höre ich die hallenden Lautsprecher, die Welt ist voller Ziele: Wien, Kairo, Stuttgart, Athen, Beirut, Bangkok, Tokio, Stockholm, Lissabon, Caracas, Prag, London, New York… Bevor ich mich zur Zollhalle begebe, versichere ich mich natürlich, ob alles in Ordnung ist, trete vor einen Spiegel und verschiebe

meine Krawatte etwas nach links oder rechts, damit Lila nach dem ersten Überschwang der Begrüßung sie wieder zurechtrücken kann.
Sicherlich habe ich Herzklopfen.
Die andern, die mit Lila auf die Zollabfertigung warten, gleichfalls von ihren Gatten oder Gattinnen erwartet, winken durchs Glas und versuchen sich in der Taubstummensprache, die wir, Lila und ich, nicht nötig haben. Endlich kommt auch Lila an die Reihe. Der Herr, der ihren schweren Mantel trägt, ist stets derselbe, auch dann, wenn Lila erst einen Tag später hat fliegen können als vorgesehen. Was schüttelt er den Kopf? Das fehlte noch, daß sie das Gepäck verwechseln, diese Zollburschen. Ein Glück, daß jemand sich für meine Lila wehrt! Alle andern Herren kümmern sich bloß um ihre eigne Bagage. Jetzt trennen sie sich, ich sehe: kußlos. Ob sie doch an meiner Blindnis zweifelt? Und dann geht der Herr an mir vorbei, während Lila, nunmehr beladen mit Mantel und Taschen und Magazinen, langsamer geht als er. Da er stets, wenn er an mir vorbei geht, nach der andern Seite blickt, weiß ich über sein Gesicht nichts zu sagen. Wie sie sich schleppt! Und ich kann ihr nicht einmal entgegengehen, sondern stehe wie eine Schaufensterpuppe, bis mich ihr Kuß trifft, dann sage ich: Lila? und greife nach ihren Siebensachen. Was hat sie denn vergessen? Lila hat nicht einmal Zeit, meine schiefe Krawatte zurechtzurücken. Sucht sie ihren Gepäckträger? Er geht zehn Schritte hinter uns, und um sie darauf hinzuweisen, frage ich, ob sie schon einen Gepäckträger habe. Das ist's aber nicht. Meine Frage, wie die Filmerei gegangen sei, ist verfrüht. Da-

von später. Sie bittet mich einen Augenblick zu warten, nicht von der Stelle zu gehen, sonst findet sie mich wieder nicht. Eine Zeitung, sagt sie, sie wolle nur eine Zeitung. Also rühre ich mich nicht von der Stelle, eine Schaufensterpuppe, versehen mit ihrem Mantel und ihrem Schirm, allen Leuten im Weg. Offenbar hat sie etwas vergessen; er wird seinen Bus verpassen, denke ich, und daß der Herr mit unserm Wagen fährt, ist nicht Brauch. Ich sehe, wie er erschrickt, dann in seine Taschen greift, links, rechts, kopfschüttelnd, weiter suchend, ich weiß nicht was. All dies sehe ich wie einen Film: nicht ohne Spannung, nicht ohne jenen Vorschuß an Teilnahme, wie man sie zu Beginn eines Filmes hat, hoffend, es werde sich schon aufklären, was da vor sich geht. Und wie im Film: die Leute auf der Leinwand sind allein, obschon ich sie sehen kann, ohne mich; ich kann nur nachfühlen, aber ich bin draußen, frei davon, daher gelassen. Vielleicht hat er noch ihren Paß? Ich bin geduldiger als der Gepäckträger. Richtig! Jetzt lachen sie. Natürlich ist ihr Paß (warum hat Lila mich nicht gefragt?) in ihrer eignen Handtasche. Ebenfalls zu lachen kommt mir nicht zu. Ich erkundige mich beim Gepäckträger nach dem Wetter, um seine Blicke abzulenken für den Fall, daß Lila und der Herr, der jetzt tatsächlich seinen Bus verpaßt hat, aus purer Erleichterung wegen des Passes einander doch einen Kuß geben. Noch bin ich so frei nicht, wie ich sein möchte; es könnte mich verstimmen, wenn dieser Gepäckträger (die Gesellschaft) meinen möchte, er sehe mehr als ich. Jetzt ist Lila, frei von Nervosität, wieder an meinem Arm, ich fühle es, ganz die meinige. Hast du deine Zeitung bekommen? frage ich ohne Unterton, aber jetzt antwortet sie auf meine Frage, wie es in Geiselgasteig gegangen sei. Ach! Wir suchen jetzt ihren Wagen, den ich sehe, doch Lila erinnert sich ganz genau, daß sie ihn weiter drüben abgestellt habe, und ich zanke nicht. Ich gehe hin, ich gehe her, der mürrische Gepäckträger hat nichts zu lachen. Da! sagt sie, da steht er ja! Ich sage nicht: Siehst du! Es sind die kleinen Rechthabereien, die eine große Liebe zermürben. Im Wagen dann, während Lila steuert, weiß ich, daß ich der glücklichste Liebhaber bin.

Hoffentlich gibt Gantenbein nie seine Rolle auf, die darin besteht, daß er glaubt. Wie zärtlich ist Lila jedesmal, wenn sie von ihren Gastspielen kommt! Sie sitzt auf seinem Knie, unbefangen in dem Grad, als er es ist, und überströmend von Zuneigung, weil da kein Blick ist, der sie trotzig und lügnerisch macht; glücklich wie noch nie mit einem Mann, frei von Heuchelei, da sie sich von keinem Verdacht belauert fühlt. Dann nimmt sie meine dunkle Brille ab, um Gantenbein auf die Augen zu küssen, und ihre Liebe ist wahr, ich fühl's, da sie vor Gantenbein nicht lügen muß. Wie liebesmunter sie sein kann! Sie möchte mit keinem andern Mann leben, sagt Lila, und ich glaub's. Nicht immer wird es leicht sein, aber es lohnt sich; man kann einen Blinden nicht hinters Licht führen.

Ich verlasse mich nicht auf meine Augen.

Ihr Koffer, dessen Reißverschluß nur zur Hälfte geöffnet ist, erbricht seinen Inhalt in den Korridor, Rol-

lenbücher, Briefe, Schuhe, und so wird es tagelang bleiben, aber Gantenbein wird nichts sagen; unsere Wohnung gleicht einem Papierkorb, kaum ist Lila von ihren Einkäufen nachhause gekommen, und so wird es bleiben, ich weiß es, bis Gantenbein insgeheim die Schnüre sammelt und die Papiere verschwinden läßt. Ohne etwas zu sagen. Lila glaubt, daß Ordnung mit der Zeit wie von selbst entsteht, sie glaubt an Heinzelmännchen, und das ist rührend.
Was heißt Ordnung!
Nur ein Mensch, der mit der Welt nicht eins ist, braucht Ordnung, um nicht unterzugehen; Lila ist eins mit der Welt.

Lila ist schön. Das sagen ihr allerdings viele. Wenn Gantenbein es ihr sagt, schließt er die Augen, kämmt ihr Haar mit seinen Fingern und füllt die Grube über ihrem Schlüsselbein mit Küssen.

Lila vor dem Spiegel.
"Herrgott", sagt sie, "ich komme zu spät."
Sie findet ihre Halskette nicht.
"Wie spät ist es denn?" fragt sie.
Sie wird immer zu spät kommen, das kann Gantenbein nicht hindern, aber sie wird nicht ohne Halskette kommen; da er insgeheim Ordnung gemacht hat, weiß er, wo ihre Kette liegt, und da er liebt, legt er sie an einen Platz, wo Lila sie findet.
"Du", sagt sie, "– ich hab sie!"
So klappt es immer.
Irgendwie.

Ich stelle mir vor:
Manchmal haben wir Gesellschaft, und das ist schwieriger – weil die andern beobachten – beispielsweise wenn Lila nicht sieht, daß die Aschenbecher endlich geleert werden müssen, daß zum schwarzen Kaffee leider der Zucker fehlt, daß unser Hund (ich denke, wir haben einen Hund) mit seinem Schnarchen unter dem Tisch nichts beiträgt zu der Frage, ob Ernst Jünger eine Wandlung durchgemacht habe, dann muß ich aufpassen, daß ich mich nicht verrate, nicht einfach aufstehe, um endlich die übervollen Aschenbecher zu leeren. Jemand wechselt auf Joyce. Ich streichle also den schnarchenden Hund (Dackel oder Dogge?) und sehe, wie unsere Gäste nach Zucker schielen, meinerseits schweigsam, dank meiner Blindenbrille erlöst von der Heuchelei, daß auch ich Finnegans Wake gelesen habe. Wann werden die Aschenbecher geleert? Jemand wechselt auf Benn, was mich nicht verwundert; Kafka ist schon an der Reihe gewesen. Lila mit ihren blauen offenen schönen großen blauen Augen! Sie sieht nicht, daß der unerbittliche Herr, der jetzt in jedem Gespräch mit dem großen Vorbild von Brecht aufkreuzt, das gleiche Gesicht trägt wie ein Herr, der bis zuletzt in der Reichsschrifttumskammer gewesen ist, und natürlich tue ich, als sehe ich es auch nicht. Derlei ist mühsam. Gelegentlich erhebe ich mich und leere die Aschenbecher… Meine Angst, ich könnte mich durch solche Handreichungen verraten, ein Blinder, der sieht, daß die Aschenbecher geleert sein wollen, bezieht sich nicht auf Lila; Lila ist schon so daran gewöhnt; nur die Gäste, die mich noch nicht kennen, sind eine ge-

wisse Gefahr für mich, und in der Küche, als ich die Aschenbecher leere, klopft mir das Herz. Ich höre von draußen:
"Sagen Sie, Lila, ist er wirklich blind?"
"Er gibt sich eine Riesenmühe", sagt Lila, "daß man's nicht merken soll. Ich tu ja auch immer, als merkte ich nichts."
"Wie blind ist er eigentlich?"
"Erstaunlich", sagt jemand, "wie er merkt, wenn man ihn beobachtet. Nur wenn er selber spricht, hat man wirklich das Gefühl, daß er blind sei. Nicht wahr? Wenn er sich ereifert wie vorhin."
(– über Little Rock.)
"Sie haben recht", sagt der Herr, der jetzt Brecht entdeckt hat, "es ist erstaunlich, wenn er so dasitzt und seinen Hund streichelt, man hat stets das Gefühl, man werde beobachtet."
"Nicht wahr?"
"Seit wann ist er blind?"
"Seit wir uns kennen", sagt Lila schlicht. "Zuerst habe ich gemeint, er mache einen Witz." Pause.
"Habe ich Ihnen das nie erzählt?"
"Nein!"
Und dann erzählt Lila unsere Geschichte, drolliger von Mal zu Mal, ich höre sie gern, sie erzählt umso genauer, je weniger sie stimmt, diese immer bezwingende Anekdote von unsrer ersten Begegnung: – wie Gantenbein in ihre Garderobe kommt, ein Herr mit den üblichen Blumen der Begeisterung, Lila nicht willens zu empfangen, wenn die alte Garderobiere nicht beteuern würde, es sei ein Blinder, Lila gerade beim Abschminken, angetan nur mit Unterwäsche und

einem offnen Morgenrock drüber. Ein Blinder? Sie sieht (so sagt Lila immer) wie eine Hexe aus, ölig. Wieso ein Blinder? fragt sie, aber noch bevor sie sich darüber, wieso ein Blinder von ihrem Spiel begeistert sein könne, einen entschiedenen Gedanken gemacht hat, steht Gantenbein schon in der Türe, unaufhaltsam wie Blinde ja sein können, er sieht nicht die Unmöglichkeit, nicht einmal die entgeisterte Miene der Garderobiere. Steht einfach da, Rosen in der Hand, drei Stück, und sagt, wie begeistert er sei. Man muß ihm glauben. Dabei ist Lila gerade an jenem Abend (auch das sagt sie immer) schlechter gewesen als sonst, geradezu katastrophal. Er weiß nicht, wohin mit den Rosen. Lila vor dem Schminkspiegel, ölig, wie gesagt, eine Hexe mit offenem Haar, sie bietet einen leider wackligen Sessel an, und die Garderobiere nimmt ihm die drei Rosen ab, wobei er die Hand der Garderobiere küßt (das erzählt Lila nur, wenn ich beim Erzählen nicht zugegen bin) und seinen Mißgriff nicht merkt, irgendwie erschütternd, und wie er auf dem wackligen Sessel dann über Ionesco spricht, hintergründig, der erste Besucher in ihrer Garderobe, der nicht seine Blicke schweifen läßt, sondern ausschließlich die Kunst im Auge hat, während Lila sich kämmt und später sich ankleidet in seiner Gegenwart, ja, schon nach einer Viertelstunde kommt man sich wie verheiratet vor mit einem Blinden. – Jemand lacht blöd… Jetzt bringe ich die sauberen Aschenbecher. Schweigen. Ich sehe ihr Staunen, wenn Gantenbein die sauberen Aschenbecher auf den Tisch legt, einen hier, einen dort, ohne ihre Tassen oder Gläser umzustoßen. Warum trinkt ihr denn nicht? fragt er und füllt die leeren Gläser, man schaut ihm zu, ich merke es genau, ob da ein Zweifel lauert oder nicht. Wo einer zweifelt, fülle ich sein Glas, bis es überläuft. Solche Kniffe sind immer seltener vonnöten. Jemand wechselt auf Musil.

Ein wichtiger Punkt:
Ich lasse mich von Lila aushalten. Grund:
Es gibt kaum ein Paar, das nicht spätestens bei der Trennung entdeckt, daß die Geldfrage zwischen Mann und Frau nie gelöst worden ist, und sich bitterlich daran verletzt. Gemeint ist nicht das glückliche Paar, das zu wenig Geld hat; das ist nicht die Geldfrage zwischen Mann und Frau, die erst beginnt, wo beide genug für sich selbst verdienen, also genug auch für beide, so meint man. Versuche mit gemeinsamer Kasse, jedes gibt und nimmt zugleich, sind gemacht worden, scheitern aber an der heutigen Gesellschaft, die sich, vom Trinkgeldnehmer bis zum Staat, nach wie vor an den Herrn wendet –
Ich stelle mir vor:
Lila und Gantenbein in einem Restaurant, Lila, die mich also aushält, und der Kellner bringt die Rechnung. Bitte. Ich sehe den Zettel schamhaft auf dem Teller gefaltet und spiele den Blinden, rede weiter wie eine Frau, wenn die Rechnung kommt, rede, während Lila nun ihre Handtasche sucht und zahlt, und rede, als wäre nichts geschehen. Als der Kellner zurückkommt mit dem Wechselgeld, frage ich, ob er Zigarren habe. Das dauert eine Weile. Also wir reden. Und Lila ist großartig, schweigsam wie ein Mann, kein Wort von Geld, so daß man sich wirklich unterhalten

kann. Meinerseits höchstens die Frage: Haben wir eigentlich schon bezahlt? Manchmal sehe ich es wirklich nicht, da es nicht meine Sache ist. Lila erzählt von ihrer Kindheit, während ich meine Zigarre auswähle, und ich bin auf ihre Kindheit sehr gespannt. Aber jetzt, während ich die Zigarre schneide, muß Lila wieder ihre Handtasche nehmen, um wieder zu zahlen, da der Zigarren-Jüngling, den ihre Kindheit schließlich nichts angeht, sonst nicht verschwindet. Ich habe keine Ahnung, was meine Zigarre kostet, weiß nur, daß sie bezahlt wird, und bin in ungestörter Art gespannt, wie das in der Kindheit damals weiterging, rauchend. Wenn wir aus dem Taxi steigen, sage ich: Jetzt hat der Regen aber aufgehört! Während Lila wieder in ihrer Handtasche kramt und zahlt und das Trinkgeld abschätzen muß. Ich warte auf ihren Arm. Wenn mit der Post nichts andres als Rechnungen kommen, sage ich: Heut habe ich überhaupt keine Post! Über Rechnungen reden wir bloß, wenn sie grotesk sind; die Miete aber, die kalendermäßigen Rechnungen für Telefon und Strom, für Heizung, für Kehrichtabfuhr und Straßenverkehrsamt und alles, was sich wiederholt, sind nicht grotesk, daher kein Gesprächsstoff, so wenig wie die Beiträge für die unfreiwillige Altersversicherung. Dafür bin ich blind. Wenn Lila nicht zuhaus ist, zahle ich von dem Geld aus der Schublade. Lila fordert keine Rechenschaft, dennoch melde ich es, wenn ich's nicht vergesse, jedesmal, wenn die Schublade wieder leer ist. Lila ist entsetzt oder auch nicht. Obschon ich mich grundsätzlich, um zwischen uns keine Geldfrage aufkommen zu lassen, nicht um das Verhältnis von Einnahmen und Ausgaben kümmere, kann ich es nachfühlen, wenn Lila, ohne geizig zu sein, plötzlich das Gefühl hat, wir müßten sparen. Ich achte ihre Gefühle. Ich verzichte auf Zigarren, ohne mein Mißvergnügen zu zeigen, wissend, daß es ganze Bevölkerungsschichten gibt, die keine Zigarren rauchen. Ich bin bereit, sie weiß es, zu jedem Verzicht. Wenn Lila mir trotzdem Zigarren bringt, eine ganze Schachtel voll, wenn auch leider nicht ganz die richtigen, rauche ich sie natürlich; Lila muß es ja wissen, was wir uns leisten können. Daß ich endlich einen Smoking brauche, ist nicht meine Idee, und ich verschleppe das Unternehmen, solange es geht; Lackschuhe dazu habe ich nämlich auch nicht. Hingegen muß ich zum Zahnarzt, unvermeidlich, brauche nicht zu sagen, wie peinlich es mir ist. Wir reden nicht davon. Wieviel meine Lila verdient, frage ich nicht; sie weiß es selbst nicht, und ich sehe nur, wie viel sie arbeitet, und finde immer wieder, Lila sollte sich Ferien gönnen. Unbedingt. Sie hat es nötig, das sieht ein Blinder. Das Taschengeld, das Lila mir gibt, ist schwankend, aber im Durchschnitt hinreichend, daß ich ihr zum Geburtstag oder zu Weihnachten etwas schenken kann, was Lila sich selbst nie leisten würde, darüber ist sie jedesmal gerührt, und ich küsse sie dann aufs Haar. Wenn ich, was ja vorkommen kann, ausgehe mit einer andern Dame, werde ich nicht eingeladen; insofern stimmt die Vertauschung unsrer Rollen nicht ganz. Jede Dame, je sicherer sie ist, daß ich sie nicht für käuflich halte, läßt sich einladen. Das ist nun einmal so, und es macht mir Spaß. Übrigens gleicht es sich aus, da auch Lila, wenn sie mit andern Herren ausgeht, unweigerlich eingeladen wird, und ich weiß, Lila genießt das, und wäre es auch nur, daß sie nicht immerfort nach ihrer Handtasche greifen muß für jeden Kaffee, jedes Taxi, jede Garderobenfrau, jede Zeitung, jedes Kino, jede Parkuhr. Manchmal tut Lila mir leid. Und dann mogle ich, indem ich hinter ihrem Rücken bereits gezahlt habe; Lila merkt es nie, sie ist eine Frau, wenn auch eine selbständige. Zu weit kann ich meine Mogelei nicht treiben, um ihr das Gefühl der Selbständigkeit nicht zu nehmen. Lila weiß nicht, daß ich ein eignes Bankkonto habe, und ich werde es ihr niemals sagen. Sonst ginge es ja nicht. Um klar zu sein: noch nie habe ich von meinem Konto etwas bezahlt, was mich betrifft. Ich lebe ganz und gar, vom Scheitel bis zur Sohle, von Lila. Und das weiß sie, und das genügt. Was ich von meinem geheimen Konto zahle, sind Alltäglichkeiten, nicht der Rede wert, die Hundesteuer und gelegentliche Bußen, die sie verdrießen würden, Ölwechsel und Schmieren, Briefmarken, Gebühren, Bettler, Gepäckträger, Heilsarmee, lauter Bagatellen. Ich kann es einfach nicht sehen, daß eine Frau, genau wie ein Mann, immerfort nach der Börse greifen muß. Es genügt fürs Grundsätzliche, daß Lila mich ernährt und kleidet und daß ich nichts tue für ihre Ernährung, ihre Kleidung, ihre Kosmetik, ihre und unsere Vergnügen. Wenn Lila sagt: Laß uns heut einen Hummer essen? füge ich mich ihrer frohen Laune. Warum soll der Mann entscheiden, wann Luxus fällig ist? Jeder Mensch hat sein Bedürfnis nach Luxus zu einer andern Stunde, und einer von beiden muß sich fügen. Lila ist unvernünftig wie ein Mann, der zahlt. Aber sie zahlt ja. Die Vernunft des andern, der nicht bezahlt, ist Spielverderberei, und davor hüte ich mich, auch wenn es nicht immer leicht ist, Hummer zu essen nur aus Liebe zum andern; aber wer sich aushalten läßt, muß sich unterordnen. Ich lasse mich aushalten. Lila ist glücklich dabei.

Unser Alltag ist lustig.
Im Konzert sehe ich, daß Madame Stoffel an der Treppe auf uns lauert, und sage mitten in unser Gespräch hinein: Weißt du übrigens, was die Stoffel macht? Das ist nun das allerletzte, was Lila bekümmert. Hoffentlich ist die nicht hier! sage ich bloß, und kurz darauf zupft Lila mich am Ärmel. Du wirst lachen, sagt sie, da drüben steht sie! Und ich lache, als glaube ich's nicht, während wir die andere Treppe nehmen.
Lila glaubt an meinen sechsten Sinn.
Sie hat gelesen, daß ein Blinder sich in seinem Haus auskenne wie keiner, der sich auf die Augen verlassen muß; nie greife ein Blinder neben die Klinke oder neben den Wasserhahn; kraft eines Raumgefühls, das sich um keinen Zentimeter täuscht, wandle er wie ein Engel, der keine Scherben macht. Dies, wenn auch in wissenschaftlicheren Worten, stand in einem amerikanischen Magazin, geschrieben von einem Professor, der über tausend Tests gemacht hat. Lila hat es mir vorgelesen. Und ich halte mich daran. Nur einmal, als ein Kurzschluß unsre Wohnung verdunkelt, habe ich Mühe wie einer, der sieht, beziehungsweise eben nicht sieht, weil es stockfinster ist. Aber da es stockfinster ist, kann auch Lila nicht sehen, wie ich Mühe habe, und als ich endlich mit einer rettenden Kerze erscheine, bin ich wieder wie ein Engel für sie.

Das Erblinden des Dichters

Erst in seinen letzten Lebensjahren wurde der Dichter *Felix Pollak* **von der Öffentlichkeit wahrgenommen. In Wien geboren, war er in die USA emigriert, wo er von 1974 an, bis zu seinem Tod 1987, langsam erblindete. Über den quälenden Verlust seines Augenlichtes sprechen viele seiner ergreifendsten Gedichte**

Die Bibel in Blindenschrift lesen

Und Gott sprach
Es werde Licht!
Und es blieb finster.

Und Gott sprach
Erhebe deine Augen zu mir!
Und es blieb finster.

Und Gott sprach
Ich kann dir nicht helfen.

Astigmatismus

So weit ich
sehen kann
blühen
die weißen
Blüten
in der weißen Vase
auf keinem Stengel
schweben
mitten im Raum
wie empfindliche weiße
Insekten
über einer weißen Blume

Klage des Erblindenden

Ich bin ein Haus ohne Fenster.
Ich verliere die Welt aus den Augen.
Ich werde mir fremd.

Meine Augen sind taub und lahm.
Meine Augen sind kernlose Nüsse.
Die Dinge der Welt sind Vergangenheiten.

Meine Augen sind Säcke voll Nebel.
Die Welt ist eine mundlose Stimme
mit einem fremden Akzent.

Meine Innenwelt wuchs nicht in die Weite,
aber die Außenwelt schrumpfte zusammen
– bis auf mich.

Besuch in der Blindenanstalt

Die Anstalt (II)

Alle Dinge sind verdunstet, zu Geräuschen
und Echos geworden. Die Wände ein weißes Pulsieren
auf Fingerspitzen, die Türen ein braunes Verströmen
von Raum. Durch den Saal weht Geflüster in vielerlei
Tonarten aus Schwärze, dazwischen zuweilen
ein Schimmer, ein Zucken hinter geschlossenen Lidern –
Erinnern, das dem Duft von Reihen auf Reihen
von Rosen nachhängt. Das Summen erregter Bienen
im Münzautomaten: sämtliche schwarzen Brillen
drehn sich ihm zu – undruchdringliche Jalousien,
heruntergelassen vor trüben, milchigen Fenstern:
Augen sind eine gefährdete Gattung hier, Trauben
am Vertrocknen.

In einer Ecke streckt eine Frau die Fühler
ihrer Nacht über eine Seite, liebkost die Bedeutung.
Ein junger Mann, das Kinn auf die Brust gesenkt
(dachte er etwa an Abgang?), steht plötzlich auf
und beginnt in zeitlich genau bemessenem Bogen
hin und her zu gehn. Schattenreflexen weicht er
aus. Doch wohin er sich kehrt, ist die dunkle Seite
des Monds.

Einem Kind erklären was Blindheit ist

für Hans Magnus Enzensberger

Wie viele Nächte
die nahtlos miteinander verwachsen,
wie viele Flammen
die sich vermischen bis sie
ein großes Feuer geworden sind,
wie eine bunte Tapete
die sich langsam mit Tusche bedeckt,
wie ein schmieriger Ruß unter dem
der glitzernde Schnee verschwindet,
wie hundert schwarze Fliegen
die ein weißes Stück Käse verzehren,
wie ein funkelnder Aluminium-Zug
den ein hungriger Tunnel verschluckt,
wie helle Vögel im Zoo,
Goldammern, Kolibris, Papageien
und Schnee-Eulen denen plötzlich
ein schwarzes Gefieder wächst
und sie werden zu Raben,
wie der einzige Fernseher auf der Welt
ohne Schirm, wie Sonne Mond und Sterne
die alle auf einmal in ein schwarzes Loch
am Himmel gestürzt sind…

Fischauge

Die "umsichtigste" Brille in der Kulturgeschichte findet sich bei *Leonardo da Vinci*. **Zwar hat er in seinen unzähligen Zeichnungen und Studien nur einen einzigen Kopf mit Brille ausgestattet; aber zu einem seiner vielen skurril-neugierigen Experimente (zusammengefaßt im berühmten »Codex Atlantico, folio 222 recto-a) mit allerlei Linsen und Glasschüsseln notiert der geniale Renaissance-Maler und -Erfinder die Bauanleitung zu einer "Rund-um-Brille"**

Wenn du eine gläserne Halbkugel nimmst und dein Gesicht in diese einführst und sie längs der Berührungsstellen mit dem Gesicht gut verschließt und sie mit klarem Wasser füllst, so wirst du alle Dinge sehen, die von der Oberfläche der Kugel gesehen werden, so daß du beinahe hinter deine Schultern siehst.

(Neugierigen Nachahmern sei dringend empfohlen, beim Verkitten der Schüssel am Kopf die vorherige Anbringung von Luftröhren nicht zu vergessen!)

Über einige wichtige Pflichten gegen die Augen

Der Schriftsteller, Philosoph und Physiker *Georg Christoph Lichtenberg* **beschäftigte sich mit allem, was einem Menschen des späten 18. Jahrhunderts vor die Augen kommen konnte. Natürlich auch mit dem für diese Nächstliegenden…**

Wie wenn einmal die Sonne nicht wiederkäme, fragte Amintor. Und wie, wenn sie wiederkäme und ich sähe sie nicht mehr; fühlte noch ihre Wärme, hörte noch den Lobgesang, womit sie der Wald begrüßt, und sähe sie nicht mehr? Ach! dieses ist das Los von Tausenden! Gerechter Gott! Vom Sehenden zum Blinden, welche Veränderung! Der, der noch kaum, gleich einem Gott, den Himmel mit seinem Blick umfaßte; der Sonnen aufzählte zu Tausenden, die Quellen des Lichts und des Lebens für Geschöpfe ohne Zahl; der in einem Nu die Frühlingslandschaft mit ihren Blüten und Herden, oder die Pracht der Städte, oder die Wogen des stürmenden Meeres, oder den Ätna und Vesuv, oder Ägyptens Pyramiden übersah; der die Figur der Reiche, ja der Erde selbst maß und zeichnete – – da kriecht er nun, und ertastet sich mit Mühe in Monaten den kümmerlichen Plan seiner Schlafkammer; die roheste Nachformung von einer Dorfkirche würde ihn Jahre kosten, wenn sie ihn nicht den Hals kostete, und mit einer vom Ätna nur so genau, als das Bild, das im Winkel einer Landcharte Feuer speit, würde er Jahrhunderte zubringen, wenn sie nicht ganz seine Kräfte überstiege; der, der durch das Medium der Gebärden dem Menschen im Innersten des Herzens las, hört jetzt bloßes Zungenspiel; der die Wahrheit der Worte wiegen konnte, fühlte jetzt bloß ihre Glätte, und elender, abhängiger Glaube führt die Haushaltung für Selbstüberzeugung in ewiger, ewiger Nacht! – –

Dieses ist das Los von Tausenden, und wer das Spinnengebäude des Organs kennt, auf welches hier alles ankommt, der Menge der Feinde die ihm von außen und innen drohen, der wird erstaunen müssen, daß es nicht das Los der Hälfte des menschlichen Geschlechts ist. Bei weitem der größte Teil derer, die dieses Unglück erleiden, die diesen Halbtod, möchte ich sagen, sterben, sterben ihn freilich unverschuldet durch Zufälle; allein keine geringe Anzahl und zwar gerade unter einer Klasse von Menschen, von denen man es am wenigsten erwarten sollte, ich meine der sogenannten gebildeten höheren Klasse, erleiden ihn öfters durch Schuld, wo nicht wissentlich durch mutwilligen Leichtsinn, doch gewiß sehr oft aus einer Unwissenheit, die leicht zu überwinden gewesen wäre. Für die noch Gesunden dieser Klasse enthält nachstehender Aufsatz Warnung und einigen Unterricht, für die bereits Kränkelnden Unterricht und Trost, wo er möglich ist; für die ganz Erstorbenen findet sich hier nichts; ihre Wiedererweckung, wenn sie möglich ist, gehört für den Arzt. Wie froh würde ich sein, wenn ich durch diese wenigen Blätter nur einem einzigen Leidenden Trost verschaffen, oder nur einen einzigen Leichtsinnigen zur Überlegung bringen könnte, oder jemanden der nie an den Verlust seiner Augen gedacht hat, dahin, daß er wenigstens daran zu denken anfängt, und sich den Genuß des Lebens nicht vergällt. O man braucht nicht völlig zu erblinden, und kann dennoch von dieser Seite sehr unglücklich sein. Wer je einen Fehler an seinen Augen bemerkt hat, wird wissen in was für eine Verfassung ihn diese Entdeckung setzt, und was für Zeit die Augenproben wegnahmen. Der Gedanken: *in einem Jahre bist du vielleicht blind*, mischt sich in alles ein, er ist der erste beim Erwachen und der letzte beim Schlafengehen; keine Gegend und keine Gesellschaft reizt mehr; Nachrichten von neuen Entdeckungen und von neuen Büchern werden mit Unmut gelesen; selbst in Träumen sieht man sich nicht selten im Spiegel durch Augen entstellt, die sich selbst in keinem Spiegel der Welt *so sehen* könnten. Trifft ein solches Schicksal eine ohnehin hypochondrische Seele, so geht alles viel schlimmer; der vermeintliche Kandidat der Blindheit wird nun wirklich krank, und die reelle Krankheit verschlimmert die halb eingebildete; das Probieren der Augen bei jeder Gelegenheit nimmt zu, und die Proben fallen immer elender aus, so geht es immer crescendo fort bis zur Verzweiflung oder dem Tod. Wer sich also früh einer Augenökonomie befleißigt, erspart sich ein großes Leiden, das, wenn es dennoch kömmt, gewiß schon dadurch, zumal bei empfindlichen Seelen, vieles von seiner Bitterkeit verliert, daß es unverschuldet kömmt. – Den guten Rat und die Lehren, welche nachfolgende Blätter enthalten, habe ich zum Teil aus einem Aufsatz des Herrn Prof. Büsch* gezogen, teils aus einer neuern Schrift des englischen Optikers Adams**, und teils aus eigner Erfahrung.

Vor allen Dingen lerne man auch bei dem besten Gesicht sich nie für ganz sicher zu halten, und ja bei gesunden Augen zuweilen an kranke zu gedenken, und durch behutsamen Gebrauch wenigstens Kraft für sie aufzusparen, wenn sie dereinst alt werden. Man bemühe sich daher, so viel als möglich, bei allen Verrichtungen ein gleichförmiges Licht zu erhalten, da wenigstens wo es leicht angeht, und wir von uns abhängen. Eine Vernachlässigung in diesem Artikel, ist die schleichende Ursache unzähliger Augenkrankheiten, ja nicht selten der völligen Blindheit. Adams erzählt bei dieser Gelegenheit folgende Geschichte. Ein Rechtsgelehrter in London wohnte so, daß seine Zimmer nach der Straße zu die volle Mittagssonne hatten, seine hintern Zimmer lagen daher nicht allein gegen Mitternacht, sondern gingen

* **S. Erfahrungen von J.G. Büsch, Professor in Hamburg. Hamburg 1790. 2 Bände in 8; im 2ten Band Seite 261: Guter Rat bei verschiedenen Fehlern der Augen; ein Aufsatz, der sich nicht allein, wie alles, was von diesem vortrefflichen Manne kömmt, durch tiefe Einsichten in die Sache überhaupt, sondern über das, welches hier von großem Wert ist, durch Erfahrung und Beobachtung an sich selbst, empfiehlt.**

** **An Essay on Vision etc. intended for the service of those whose Eyes are weak or impared by G. Adams. London 1789. gr. 8.**

auch noch dazu in einen kleinen Hof, der mit einer hohen Mauer umgeben war, und waren also etwas finster. In diesen Zimmern arbeitete er, frühstückte und speisete hingegen in den vordern, in welche ihn überdas sonstige Verrichtungen öfters zu gehen nötigten. Dieses Mannes Gesicht nahm ab und er hatte dabei einen immerwährenden Schmerz in den Augen. Er versuchte allerlei Gläser, konsultierte Okulisten, aber alles vergeblich, bis er endlich fand, daß der öftere Übergang aus dem Dunkeln zum Hellen die Ursache seiner Krankheit sei. Er veränderte also seine Wohnung, und vermied alles Schreiben bei Licht, und wurde sehr bald wiederhergestellt. Weit trauriger ist der Fall, dessen Herr Prof. Büsch Erwähnung tut: "So manche Augenschwäche, sagt er*, und völlige Blindheit entsteht bloß aus Verfehlung dieser wichtigen Regel. Als ich vor funfzehn Jahren den seligen Hagedorn in Dresden zum erstenmal besuchte, den ich *fast ganz blind* fand, nahm er meinen Besuch in einem Zimmer an, wo mir das Licht ganz unausstehlich war. Er wohnte in einer ziemlich schmalen Gasse. Das Sonnenlicht fiel von den Quadersteinen der gegenüber gelegenen Häuser scharf zurück in das Zimmer. Haben Sie, fragte ich, in diesem Hause schon lange gelebt? – Schon über zwanzig Jahr. – – Und war dies immer Ihr gewöhnliches Arbeitszimmer? – – Das war es beständig. – So, sagte ich ihm, sehe ich mit Bedauern die Ursache Ihres Unglücks ein, denn in diesem Licht konnten Ihre Augen nicht gesund bleiben. – Ich habe, fährt Herr Prof. Büsch fort, bei mehr als einem Kinde Augenkrankheiten, die vielleicht keinen bösen

* a.a.O. S. 136.

Ausgang gehabt haben möchten, in einer völligen Erblindung sich endigen sehen, weil deren arme Eltern keine Vorhänge vor die Fenster und die Wiegen der Kinder hatten.“ Vorzubeugen ist hierbei leicht, die Kur des eingetretenen Übels aber oft schwer, ja wie Adams sagte, und wie es auch wohl bei dem Herrn v. Hagedorn der Fall gewesen sein wird, ganz unmöglich. Hieraus wird sich nun leicht auch in dem Zimmer selbst die Lage des Schreibtisches, und der Katheder bestimmen lassen. Man schreibe oder lese nie, wenn man es haben kann, in der Lage, daß ein helles Fenster gerade gegenüber so steht, daß jedesmal das Licht in das aufgeschlagene Fenster fällt, sondern lasse das Licht von der Seite einfallen. In Fällen wo keine solche Abänderung statt findet, als bei Kanzeln, suche man mit Vorhängen oder sonst auf eine Weise dem Schaden vorzubeugen, und allemal ist es nützlich es wenigstens zu wissen. Wer weiß, ob nicht wenn diese Regeln allgemeiner befolgt würden, die schwachen Augen unter die seltenen Krankheiten gezählt werden würden. Als Aufmunterung zur Befolgung dieser Regel muß ich anführen, daß dadurch und einige andere, die unten vorkommen werden, Herr Prof. Büsch nunmehr zweiunddreißig Jahre nach dem Zeitpunkt, da er Grund hatte zu fürchten, daß aller Gebrauch seiner Augen aufhören und er im Mittage seines Lebens erblinden würde, noch immer sieht und lieset und schreibt. Auch ergibt sich hieraus die Stellung der Betten. Das freie Tageslicht, und noch viel weniger das volle oder reflektierte Sonnenlicht sollte nie die Augen des Schlafenden treffen können; denn selbst wenn es, ihm unbewußt, während des Schlafes auf die

Augenlider fällt, so kann dieses, zumal wenn er bereits schwache Augen hat, den ganzen Tag über die größten Beschwerden verursachen. Hierauf hat man besonders auf Reisen zu sehen, und wenn man des Abends spät ankömmt, die Lage der Fenster und die Beschaffenheit der Bettvorhänge zu untersuchen, damit man nicht auf eine unangenehme Weise des Morgens vom Tage oder gar der Sonne überfallen werde. Im Wagen, wo die hellen Fenster sehr stark gegen das übrige abstechen, ist ein doppelter oder dreifach zusammengenähter, grüner Flor für empfindliche Augen das beste Hülfsmittel, denn die Läden hemmen den Umlauf der reinen Luft, und die feinsten Vorhänge die Ausicht, die, zumal auf entfernte Gegenstände, dem Auge in vieler Rücksicht so wohltätig ist. Einfache Flore, dergleichen die Damen tragen, um dadurch zu sehen und gesehen zu werden, sind zu dünne, und wenn sie geblümt sind, noch eher schädlich. Aus dieser ersten Regel überall nach gleichförmigem Lichte zu trachten, ergibt sich auch die Beschaffenheit der Schirme. Man gibt dem schwachen Auge gern einen Schutz von oben, dieses ist sehr recht getan, sagt Herr Prof. Büsch, insofern dadurch das helle von oben einfallende Tageslicht von dem Auge abgehalten wird. Aber man bedenkt nicht, daß dadurch die untere Hälfte des Auges, in welche das Licht von oben fällt, ganz in Schatten gesetzt, die obere Hälfte aber beständig durch das in dasselbe fallende Licht gereizt wird. Dies ist keinem Auge gut. Es muß ein sehr gesundes Auge sein, das dabei lange aushält. Wie aber, wenn das Übel gar mehr im obern Teil des Auges seinen Sitz hat? Dann ist es gerade verkehrt gehandelt. Der gesundere Teil wird geschützt und der schwächere soll immerfort Dienste tun*. Überhaupt erfordert alle Erleichterung, die man dem Auge durch Dunkelheit verschafft, viele Vorsicht. Alle am Tage selbst mit grünen Vorhängen erkünstelte Verdunkelung kann schädlich werden, teils weil sie nie so vollständig erhalten werden kann, daß nicht hier und da etwas durchschimmerte, teils, weil man, wenn man nicht ganz müßig oder unfähig ist sich zu bewegen, unmöglich lange darin aushalten wird. Die natürliche Dämmerung ist die beste, und man sollte den Genuß derselben dem ermüdeten Auge nicht mißgönnen, zumal da sie außerdem der Überlegung so sehr günstig ist. Schreiben oder lesen muß man in der Dämmerung nie. Es ist ein Verfahren, das, den gelindesten Ausdruck zu gebrauchen, töricht ist. Der schnöde Gewinn an Öl und Zeit geht tausendfach durch das Leiden und den Unmut hin, den man sich durch schwache Augen zuzieht. Ein Freund von mir klagte mir eines Tages: er habe sonst *so schön* in der Dämmerung lesen können, jetzt könne er es nicht mehr, und fürchte, wenn es mit dieser Abnahme seines Gesichts so fort ginge, so würde er vor seinem vierzigsten Jahre blind werden. Ich sagte ihm, er habe freilich Recht, ich glaube auch, daß wenn es so fortginge, *aber mit dem Lesen in der Dämmerung*, so würde er blind werden. Er habe sehr richtig geschlossen, ob er gleich die Wirkung für die Ursache genommen habe, er könne nicht deswegen, sagte ich, nicht mehr in der Dämmerung lesen, weil sein Gesicht im Abnehmen sei, sondern es nähme ab, weil er immer noch in der Däm-

* a.a.O. S. 317.

merung lesen wolle. Sein Fehlschluß, so sehr er auch sonst Fehlschlüsse hassete, machte ihm dieses Mal keine geringe Freude. Er unterließ das Lesen in der Dämmerung, und sein Gesicht nahm so wenig ab, daß ich diese Geschichte auch mit deswegen hieher setze, um ihm, der diese Zeilen in diesem kleinen Druck, jetzt in seinem funfzigsten Jahre gewiß, (vielleicht gar einmal aus Mutwillen in der Dämmerung) lesen wird, eine Freude in der Ferne zu machen. Es ist überhaupt ein sehr großer, wiewohl sehr gemeiner Irrtum, zu glauben, ein schwaches Licht sei den Augen günstig. Dem *unbeschäftigten* Auge wohl, das nicht sehen will, allein dem sehen *wollenden* ist es schlechtweg schädlich, und ein starkes zuträglicher. Daß hier die Rede nicht vom unmittelbaren Sonnenlicht, oder von weißen Gegenständen als z.B. Schnee zurückgeworfenem ist, versteht sich von selbst. Dieses kann freilich Entzündungen der Augen bewirken, die nicht bloß Schwäche des Gesichts, sondern völlige unheilbare Blindheit in kurzer Zeit zur Folge haben können. Gegen einen solchen Mißbrauch des Lichts warnt aber auch die Natur gemeiniglich bald durch ihr gewöhnliches Mittel, den Schmerz, und das Unerträgliche, was jene Empfindung begleitet. Was man gemeiniglich Schädliches im starken Lichte zu finden glaubt, ist nicht sowohl dieses, als der Mangel an gleichförmiger Verbreitung desselben im Auge. Man kann am Tage ohne die mindeste Beschwerde Stunden lang in den Mond sehen, selbst wenn er hoch über dem Horizont steht, bei der Nacht geht dieses nicht an, ja man hat Beispiele, daß Astronomen, die ihn des Nachts durch Ferngläser lange unverrückt und ohne gefärbte Gläser betrachtet haben, um ihr Auge gekommen sind. Dieses rührt daher: Am Tage leuchtet nicht bloß der Mond, sondern auch alle Gegenstände umher, und selbst der benachbarte Himmel wirft ein blaues Licht zurück. Dadurch wird die Pupille gehörig verengert, überflüssiges Licht abgehalten, und überdas der Boden des Auges mit gleichförmigem übermalt. Hingegen bei der Nacht wirken die Gegenstände sehr ungleichförmig auf das Auge, und bringen daher in einander nahe liegenden Teilen desselben entgegengesetzte Wirkungen, weil gleichzeitige, teils sukzessive hervor, welches immer eine Art von anfangs zwar vorübergehender, aber endlich mehr oder weniger anhaltender Zerrüttung ist, derjenigen analog, die plötzlicher Übergang von Hitze zur Kälte dem Leibe verursacht. Man findet daher schon wirklich in obigem Fall einige Erleichterung, wenn man das Objektivglas erleuchtet, da doch nun gewiß noch mehr Licht auf das Auge fällt, als vorher, da der Mond allein da war, allein es ist nun alles gleichförmiger, der Mond scheint nicht mehr an einem schwarzen, sondern an jenem weißlichten Himmel zu stehen. So würde das Blatt, worauf ich schreibe, das mir mit so sanftem Licht zu leuchten scheint, unerträglich zu glühen scheinen, wenn es dieses verborgte Licht des Nachts in einem übrigens dunkeln Zimmer als sein eignes zurückwürfe. Ich würde glauben auf weißglühendes Blech zu schreiben, und mit der Federspitze einzelne Stellen abzulöschen. – Also, wenn es dann doch einmal bei Licht gelesen oder geschrieben sein soll, so ist es immer besser zwei oder drei Lichter zu gebrauchen, als ein einziges, nur muß die Flamme selbst mit so wenigem Aufwand von

Schatten verdeckt werden, als es die Umstände verstatten. Herr Prof. Büsch hält zu dieser Absicht die kleinen Taschenschirme aus Taffet für die bequemsten und besten, deren Mangel man auch ebenfalls mit einer Karte ersetzt, die man vermittelst einer Haarnadel befestigt. Die Lampen mit Schirmen, die, wie die Segnerschen und andere ähnliche, das ganze Zimmer verfinstern, bis auf die Stelle da man lieset, müssen bei fortgesetztem Gebrauch notwendig das beste Gesicht durch eben diese ungleiche Verteilung des Lichts schwächen, da bei jedem Umhersehen das Auge die Veränderung erleidet, von der wir oben geredet haben, und auch selbst in dem Falle, da man nicht umhersieht, jene ungleiche Erleuchtung des Inneren des Auges bewirkt, die so schädlich ist. Schade, daß die vortreffliche Lampe des Argand, die sonst in aller andern Rücksicht eine der schönsten Erfindungen ist, auch diesen Fehler hat. Der Erfinder hat zwar einigermaßen dieser übeln Wirkung dadurch vorzubeugen gesucht, daß er die Schirmstürze aus dickem, weißem Papier macht, wodurch das Licht mehr durch die Stube verteilt wird, und freilich nicht so schädlich als ein undurchsichtiger Schirm, oder als der Anblick der Flamme selbst wird, aber doch noch immer zu abstechend gegen das übrige Licht des Zimmers, weil die Lichtflamme bei dieser Lampe so äußerst lebhaft ist. Auch hat man den Rauchfang aus gefärbtem Glas gemacht, dadurch wird aber ein Teil der Absicht dieser Lampe verfehlt, nämlich die große Helle. Daß Schirme, die man über den Kopf stürzt, das Licht im Auge ebenfalls ungleichförmig verteilen, ist schon oben erinnert worden. –

Der zweite Hauptrat ist: Man muß den Augen nie mehr anmuten, als sie vertragen können, und die Art und die Zeit der Beschäftigungen so viel möglich, nach dem Zustande der Augen wählen*. Man muß also, so viel als möglich, alle lange anhaltende Anstrengung der Augen vermeiden, und in den Beschäftigungen abwechseln. Zum Glück werden die von Nerven herrührenden Augenschwächen gewöhnlich solchen Menschen zu Teil, die dieses noch können, und seltner Leuten, die in körperlichen oder in leichtern Handarbeiten sich anhaltend beschäftigen. Herr Prof. Büsch enthält sich seit vielen Jahren alles anhaltenden Lesens bei Licht, und wählte dafür lieber das Schreiben, weil er dann seinen Augen noch durch den Gebrauch des blauen Papiers zu Hülfe kommen kann. "Weil mir aber, setzt er hinzu, meine gesetzten Arbeiten nicht Beschäftigung genug gegeben hätten, so mußte ich mich nach andern Gegenständen umsehen. Kurz, dieser Umstand insonderheit habe ihn erst spät zum Schriftsteller, und nun beinahe zum Vielschreiber gemacht.“ Mancher Ausländer wegen (denn der Almanach wird übersetzt), muß ich hinzusetzen, – und zwar zu einem, der der Nation Ehre macht. So viel Trost diese Geschichte dem Denker gewähren wird, der aus sich selbst schöpfen kann, so wenig Tröstliches enthält sie für den Kompilator, der seine Bibliothek oder gar die öffentliche mit zu seinem Kopf rechnet, und bei welchem sich besinnen nachlangen heißt. Doch diese gehörten mit unter die subtilen Handarbeiter, von denen wir soeben gesagt haben, daß sie nicht so leicht mit dieser Krankheit befallen

* **Büsch a.a.O. S. 333.**

werden. Wer sich vorlesen lassen und diktieren kann, kann sich freilich große Erleichterung verschaffen, und allen anstrengenden Gebrauch der Augen bloß auf den Tag versparen, mit sehr großem Gewinn für dieselben.

Dritter Rat: Man beschäftige seine Augen in freien Stunden, so viel als möglich in freier Luft und im Sehen in die Ferne*, man wähle seine Vergnügungen in dieser Rücksicht. Reiten hat einen längst erkannten Nutzen für nervenschwache Augen, durch die heilsame Erschütterung der Nerven. Fahren und Spazierengehen haben ihn auch in dieser Rücksicht. Von allen aber ist dieses der Hauptvorteil, den sie dem schwachen Auge verschaffen, daß dasselbe mit einer Menge von Gegenständen beschäftigt wird, deren keiner das Auge lange auf sich zieht, und die in der Entfernung, worin man sie sieht, demselben ein hinlänglich sanftes Licht zu senden.

Zum Trost bei anhaltender Augenschwäche dient die Bemerkung, daß sie sich selten mit völliger Blindheit endigt, zumal wenn man sich der erwähnten Vorsicht bedient, und man lasse sich daher nicht gleich durch Okulisten schrecken. Es gibt unter ihnen sehr seltsame Menschen, die alle die prachtvolle Windigkeit des Ritter Taylor ohne seine Geschicklichkeit besitzen. Ich kann hier aus eigner Erfahrung reden, und ergreife mit Vergnügen diese Gelegenheit, einem Manne ein kleines Denkmal zu stiften, das ich ihm schon längst zugedacht habe, ohne die Gelegenheit dazu finden zu können. Dieser Mann ist der berühmte Okulist Wenzel der Vater in London. Wer ihn noch

* **Ebendaselbst S. 336.**

nicht kennt, kann die kurze aber brillante Geschichte seines eignen Wertes, mit stehenbleibenden Schriften gedruckt in jedem englischen Morning paper lesen. Wenn schon die Gleichzeitigkeit einem Geschichtschreiber so vielen Kredit gibt, so kann man leicht denken, was für *diese* Geschichte sein müsse, da er selbst der Verfasser davon ist. Zu diesem wackern Landsmanne verfügte ich mich im Jahr 1775, da sich ein Zufall an einem meiner Augen zeigte, der einigen meiner Freunde und besonders mir sehr bedenklich schien. Er wohnte in einer der ersten Straßen Londons, in Pall-Mall, da wo nachher auch Graham seine himmlische Bettlade aufschlug. Bei dem Eintritt in das Haus, wurde mir von einem Paar Bedienten oder Lehrlingen, denn sie hatten in ihrem Betragen etwas von beiden, mit den Augen gemessen und *gewogen*, vermutlich zu erforschen, ob ich ein *solventer* oder ein *gratis* Patient sei, denn in meinem Anzug mochten sie wohl auch so etwas von beidem entdeckt haben. So kam ich endlich vor Herrn Wenzel, der mit jemanden in der Stube ein sehr *breites* Englisch sprach. Ich fragte ihn auf die bescheidenste Weise von der Welt auf Englisch, ob ich wohl Deutsch mit ihm reden könne, denn es gibt in England Deutsche die es nicht gern Wort haben wollen, daß sie es sind. O, sagte er, sprechen Sie mit mir, was für eine Sprache Sie wollen. Dieses gab mir eine sehr hohe Idee von den Sprachkenntnissen dieses Mannes; ich klagte ihm also mein Anliegen deutsch. Er ließ mich niedersitzen, besah mein Auge mit sehr bedeutendem, liebreichem Kopfschütteln, und auf die Frage: was er von dem Umstand hielte, sagte er: *Sie werden blind.* – Können Sie

mir aber wohl helfen? – *O ja* – und was muß ich Ihnen dafür bezahlen? – *Zehn Guineen*, war die Antwort, *ich gebe Ihnen etwas in einem weiten Glase, da halten Sie das Auge des Tages etlichemal hinein usw.*
Ein feiner Scharlatan war denn doch der Mann nicht. Er hätte mich bloß niederschlagen sollen, allein der unanständige dezisive Ton seiner Worte richtete mich mehr auf als mich ihre Bedeutung niederschlug, und ich sah auf einmal wen ich vor mir hatte, bezahlte ihm eine halbe Guinee für die gemachte Freude, und ging nach der Straßentür zu, wohin er mich mit bezahlter Höflichkeit unter vielen Bücklingen begleitete. Vollkommen tröstlich für mich war indessen diese Unterredung im ganzen nicht, denn ich hörte nachher von Wenzels Talenten wenigstens nicht immer schlecht sprechen. Indessen nahm nun bald meine Geschichte eine andere Wendung. Auch hier muß ich ein paar Männer nennen, nicht um ihnen ein Denkmal zu stiften, denn dieses haben sie, die sehr weit über alles Lob, das ich ihnen erteilen könnte, erhaben sind, selbst längst getan. Ich sprach nämlich von meinem Zufall an einem hohen Orte. Die Folge war, daß der Königliche Wundarzt Hawkins zu mir kam. Bei seinem Eintritt in die Stube war es, als gingen Zutrauen und Hülfe vor ihm her, mit so liebreichem Ernst nahte er sich mir. Er sah mir lange in das Auge, aber ohne Kopfschütteln, gab mir alsdann die Hand, und sagte mit unbeschreiblich sanftem Ton, den ich noch immer höre: *Sein Sie ganz ohne Sorgen, Sie haben nichts zu befürchten*, und verordnete mir ein sehr leichtes Mittel, das mich ein paar Groschen kostete. Als ich bald darauf nach Göttingen kam, fing ich doch wieder

an zu sorgen, denn die Augenkranken sind gar vorsichtige Menschen, und fragte unsern jetzigen Herrn Leibarzt Richter. Hier erhielt ich dieselbe herzliche Versicherung mit denselben Mitteln, und seit der Zeit hat das Übel, das doch schon zu dem Grade angewachsen war, daß es die Hornhaut durch Andruck etwas verstellte, und ich wirklich mit diesem Auge doppelt sah, nicht allein nicht zugenommen, sondern ist so völlig verschwunden, daß ich noch kaum im Vergrößerungsspiegel die Spur davon finde. Dieses zeigt wie man die Augenärzte wählen müsse deutlich. Die Regel gilt auch bei der Wahl der Ärzte überhaupt. – Ehe ich nun zu den Hülfsmitteln schreite, die das Gesicht von Gläsern hoffen kann, und der dabei nötigen Vorsicht, so schreibe ich Herrn Adams, einem erfahrnen, vorsichtigen Manne ein äußeres Mittel nach, das allemal ohne Schaden, und oft mit Vorteil gebraucht worden ist, wo sich eine Schwäche der Augen früher als man vom Alter des Patienten erwarten sollte, einstellt, und wovon auch sonst keine in die Augen fallende Ursache vorhanden ist: Zu einem halben Quartier Branntwein tut man zwei Unzen Rosmarinblätter in eine schwarze Flasche, und schüttelt alles drei Tage hinter einander etlichemal des Tages durcheinander, läßt es drei Tage stehen, und seiht es alsdann durch. Von dem Klaren dieses Aufgusses mischt man sodann einen Teelöffel voll mit vier Teelöffeln voll warmen Wassers, und wäscht damit beim Schlafengehen die Augen so, daß man die Augenlider jedesmal in eine solche Bewegung setzt, daß dabei etwas von dem Aufguß zwischen das Augenlid und den Augapfel kömmt. Nach und nach kann man immer

weniger Wasser nehmen, bis man endlich mit gleichen Teilen von jedem beschließt. –
Allein aller Mühe und Vorsicht ungeachtet, wird oft das Auge schwächer so wie die Stärke der körperlichen Hülle zu sinken anfängt, oder leidet wenigstens Veränderungen die eine Beihülfe nötig machen. Doch ist dieses nicht immer eine notwendige Folge des Alters, ob es gleich eine sehr gewöhnliche ist. Herr Prof. Büsch redet von einer Frau, die als er seinen Aufsatz schrieb, noch in Hamburg lebte, die ihn ihrem *hundertundzehnten* Jahre noch eines vollkommenen Gesichts genießt; und ähnliche Beispiele gibt es im siebenzigsten und achtzigsten Jahre gewiß unzählige, und würden gewiß noch häufiger sein, wenn man von den Jahren des reifenden Verstandes an eine gehörige Gesichtsökonomie bei sich eingeführt hätte. Ist es aber nun einmal nicht anders, stellen sich die Folgen des Alters beim Gesicht ein, so affektiere man nicht lange eine Kraft, die einem nicht mehr natürlich ist. Durch Affektation von Kraft in gewissen Jahren geht nicht selten auch noch der Teil derselben verloren, den man noch hat, ohne daß man sonst etwas dabei gewänne. Daher sind auch die geraden offenherzigen Leute, die nicht um ein Haar stärker oder jünger oder gesünder sein wollen als sie sind, diejenigen die am längsten aushalten. So empfängt auch hier die Tugend ihren Lohn durch sich selbst.
Man kann überzeugt sein, daß dieser Fehler der Augen eintreten werde, oder bereits eingetreten sei, wenn man 1) genötigt ist, um kleine Gegenstände deutlich zu sehen, sie in einer beträchtichen Entferung vom Auge zu halten. 2) Wenn man des Abends mehr

Licht nötig hat als sonst, und z.B. um deutlich zu sehen die Kerze zwischen den Gegenstand und das Auge bringen muß. Ein in aller Rücksicht äußerst schädliches Verfahren, wenn damit angehalten wird. 3) Wenn ein naher Gegenstand, den man mit Aufmerksamkeit betrachten will, sich zu verwirren und wie mit einem Nebel zu überziehen anfängt. 4) Wenn die Buchstaben beim Lesen zuweilen in einander zu fließen und doppelt und dreifach zu sein scheinen. 5) Wenn die Augen nach einer mäßigen Anstrengung gleich so sehr ermüden, daß man genötiget ist zur Erholung auf andere Gegenstände zu sehen. Bemerkt man einen oder mehrere von diesen Umständen, so ist es Zeit sich nach Gläsern umzusehen, die alsdann gut gewählt, den Augen zur mehrern Erhaltung, ja zur Heilung dienen können, die sonst durch unnütze Anstrengung deutlich zu sehen, noch mehr verdorben werden würden. In diesem Verstande können die Brillen wirklich *Konserviergläser* werden. Man muß aber ja nicht glauben, wie sehr gewöhnlich geschieht, daß es Gläser gebe, die ein noch völlig gesundes Gesicht zu *konservieren* dienen. Brillen sind Krücken, und Konservierkrücken für gesunde Beine gibt es nicht und braucht man nicht. Je eher man dazu tut, desto besser. Jeder Aufschub verschlimmert die Sache. Adams führt einen Fall an, da eine Dame aus falscher Scham, den Gebrauch der Brillen so lange aufschob, daß man ihr am Ende nur noch mit Gläsern von solcher Dicke und Brennweite, dergleichen man am Star operierten Personen zu geben pflegt, eine leidliche Hülfe verschaffen konnte; da hingegen Personen, die bei Zeiten Gläser von großen Brennweiten gebrauchten, öfters im Stande gewesen sind, ihre Brillen bei Seite zu legen und mit den bloßen Augen zu sehen. Man sei daher bei der Wahl, zumal der ersten Brillen, sehr auf seiner Hut, und wende sich an erfahrne Leute. Man wähle keine starken Vergrößerer, sondern nur solche, durch welche man mit Leichtigkeit in eben der Entfernung lesen kann, in welcher man sonst mit Bequemlichkeit ohne Brillen zu lesen pflegte. Wird freilich das Auge noch flacher, so muß man stärkere Vergrößerer suchen, aber sich immer hüten, nicht plötzlich zu weit zu gehen. Eine gute Probe, daß man zu weit gegangen und seine Brillen zu stark gewählt habe, ist, wenn man das Buch näher ans Auge bringen muß, als sonst Personen von gesunden Augen zu tun pflegen, nämlich als neun bis acht Zolle. Zuweilen ereignet es sich, daß Personen, die am Tage gut und bequem durch die Brille lesen können, bei Licht aber nicht, wenigstens nicht ohne beschwerliche Anstrengung; diese werden wohl tun, wenn sie sich eine etwas mehr vergrößernde anschaffen, die sie nur bei Licht gebrauchen. Man hüte sich vor den sogenannten Brillen mit Bedeckungen oder Blendungen, die die Engländer visual spectacles nennen, deren Gläser, von geringer Apertur mit sehr breiten schwarzen Ringen, gewöhnlich aus Horn eingefaßt sind. Ein unwissender Mann hat ihnen aus einem mißverstandnen Principio diese Einrichtung gegeben, die bei Fernröhren nötig, hier aber nicht bloß unnütz sondern schädlich ist, eben wegen dieser starken und nahen Schatten, und weil bei etwas langen Zeilen der ganze Kopf in Bewegung gesetzt werden muß. Ebenso unnütz und schädlich, wiewohl nicht in ganz so hohem Grade, sind die grünen Brillen. Herr Prof. Büsch sowohl als Adams sprechen aus Erfahrung stark dagegen. Das Grüne ist allerdings eine sanfte und angenehme Farbe, aber nicht die Farben der Gegenstände, die man durch grüne Brillen ansieht. Sie geben allen Farben, das Weiße und Grüne ausgenommen, ein unangenehmes und schmieriges Ansehen, und werden sie abgenommen, welches der Fernsichtige bei fernen Gegenständen tut, so erhalten die Gegenstände ein blendendes, anfangs sogar rötliches, Ansehen, welches den Augen schadet. Auch in dieser Erfindung also ist mehr guter Wille als Verstand. Die Furcht und Scham alt zu scheinen, denen wir den ganzen zweiten Teil der kosmetischen Kunst zu danken haben, haben ebenfalls an den Krükken gekünstelt, wodurch sich das alternde Gesicht forthelfen muß, oder ihnen wenigstens das Ansehen von einem Spazierstock zu geben gesucht, den man mehr aus Laune als Not gewählt hätte. Sie haben nämlich das Auge zu bewaffnen gesucht ohne die Nase zur Waffenträgerin zu machen, und die sogenannten Lesegläser erfunden, die man in der Hand hält. Die Absicht dieser Gläser soll sein, sich bei der Fernsichtigkeit des Alters noch ein Ansehen von Jugend zu geben; dann soll die Würde des Gesichts nicht so sehr darunter leiden, und endlich auch die Nase nicht gemißbraucht werden, und den guten Ton nicht verlieren. Der erste Vorteil ist gewiß sehr gesucht, und würde wegfallen, sobald man dergleichen Gläser nur bei Alten sähe. Was den zweiten Vorteil betrifft, so ist zwar nicht zu leugnen, daß zu allen Zeiten und bei allen Völkern, die meisten Handlungen, worin sich die Nase entweder von selbst mischt, oder in welche sie mit Gewalt gezogen wird, sobald sie nicht mit zu den Geruchsgeschäften gehören, ein etwas lächerliches Ansehen gewinnen. Dahin gehört z.B. das Tragen größer Warzen darauf, die gar für die Nase nicht gehören; das Umschlagen von Blättern in Büchern, das Auffangen und Parieren von Schlägen, denen sie nicht gewachsen ist, oder wenn sie sich gar zum Zügel oder zur Handhabe gebrauchen läßt, ihren Besitzer daran herum zu führen. Allein nichts, was die Nase zur Unterstützung der Augen tut, hat sie je lächerlich gemacht, wegen der bekannten Verwandtschaft die zwischen beiden stattfindet. Es ist nämlich bekannt, daß beide schon in der frühesten Jugend gemeiniglich zugleich weinen, ja daß selbst im Alter die Augen noch übergehen, wenn die Nase gereizt wird, und daß sie nicht seltten zu gleicher Zeit rot werden. Den guten Ton wird sie ebenfalls nicht verlieren, wenn die Dienstfertige nicht zu sehr geklemmt wird, und etwas Unterstützung durch Bügel an den Schläfen erhält, und, was hier wohl bemerkt zu werden verdient, so hat es Leute gegeben, die diese im Dienst veränderte Sprache für schön gehalten haben, zumal wann sie sich nicht sowohl dem näselnden Klarinettenton, als vielmehr der vornehmen, halb erstickten Schnupftabakssprache nähert, die das m fast wie b ausspricht. Doch genug mit dieser Art zu widerlegen und von solchen Argumenten. – Die Lesegläser sind schädlich und unnütz, 1) weil sie ihrer Natur nach nicht festgehalten werden können, und also folglich das Auge immer andere Stellungen erfordert und auch annimmt, wodurch es ermüdet und geschwächt wird, daher solche Personen öfters sich genötigt sehen zu Brillen überzugehen, wenn es fast zu spät ist. 2) Weil das von ihrer Oberfläche zurückgeworfene Licht bei mancher Gelegenheit stark blendet und verwirrt, und dadurch das Übel vermehrt; und 3) weil sie beim Schreiben und vielen andern Verrichtungen nicht zu gebrauchen sind. Personen, die in ihren besten Jarhen kurzsichtig gewesen sind, bedürfen im Alter der Brillen selten oder gar nicht, weil ihr Auge zu viel Kovexität hatte, die sich nun verliert, aber nicht immer zu dem Grade, daß sie konvexer Brillen bedürften. Die Menge rechnet ihnen dieses zur Glückseligkeit, daß sie im späten Alter ohne Brillen lesen können, das heißt, nicht nötig haben einen halben Gulden für ein Paar Gläser hinzugeben, dafür sie denn die ganze übrige Lebenszeit für die Schönheit der Natur im Großen blind waren, und nie den entzückenden Anblick einer schönen Gegend genossen haben. – Die Kurzsichtigen müssen sich bei der Wahl ihrer Brillen eben der Vorsicht bedienen, deren wir oben Erwähnung getan haben, nämlich ihre Gläser nicht gleich allzu hohl wählen, und würden wohl tun sich bei Zeiten der Brillen von solcher Konkavität zu bedienen, die ihnen verstattet das Buch acht bis zehn Zoll vom Auge zu halten, anstatt es dem bloßen Auge immer näher zu bringen, und dadurch den Fehler immer mehr zu verschlimmern.

Noch muß ich denenjenigen zum Trost erinnern, die von den kleinen schwarzen vor den Augen schweben zu scheinenden schwarzen Flecken geschreckt werden, welche die Fanzosen mouches volantes nennen, daß sie wenig zu bedeuten haben. Ich kann hierin Herrn Prof. Büschs Erfahrung auch noch die meinige beifügen. Als ich mich im Jahr 1769 und 1770 sehr mit mikroskopischen Beobachtungen abgab, bemerkte ich ihrer mehrere, zumal im rechten Auge, nicht als wenn ich sie mir durch das Mikroskop zugezogen hätte, sondern weil die Lage des Auges, bei dem zusammengesetzten Mikroskop, da bei dem Abwärtssehen die Axe desselben fast vertikal zu stehen kommt, ihrer Beobachtung sehr günstig ist. Ich wurde dadurch beängstigt, zeichnete die Figur von einigen, um ihren Wachstum oder Abnahme zu bemerken, fing aber endlich an mich nicht weiter mehr um sie zu bekümmern, welches gegen viele Übel in der Welt, wo nicht ein treffliches Mittel selbst, doch gewiß eine große notwendige Unterstützung dabei ist, und fand nach fünf, sechs Jahren unvermutet, daß die Flecken aller verschwunden waren. –

Außer den oben erwähnten Ursachen von Augenschwächen gibt es freilich auch noch andere, deren Hebung für den Arzt allein gehört. Aber die Schwäche entstehe woher sie wolle, so wird allemal die oben erwähnte Ökonomie beim Geschäfte des Sehens nötig sein, und jede Verabsäumung derselben die Sache verschlimmern.

Brillenetui

In seinem Buch
»Ablauf der Dinge« hat
Thomas Schwab **alle Gegenstände aus unseren**
Haushaltungen in Gedichten
eingefangen – und natürlich
liegt bei diesen Dingen unserer
Lebensläufe auch die Behausung
einer Brille

Nach dem bei Schläfen Liegen,
Der Lichtbündel aus Sternenfernen,
Umlagert wattierte Schwärze
Die unsichtbaren Sichtbarmacher
In Brusttaschen und Schubläden
Mit Schlaf, schlundlos, schwer.

Noch einmal: das Heim der Brille

In einer Fußnote
zum »Ablauf der Dinge«
verweist Thomas Schwab auf *Christoph Asendorf*
und dessen Anmerkungen,
die auf die Brille und ihr Etui
ebenso zutreffen wie auf alle
unsere Dinge und ihr
geheimes Leben

Die leise Unheimlichkeit der im Interieur massierten Dinge mag daher rühren, daß sie nicht nur nicht vom Menschen gebraucht werden, sondern daß sie den Menschen in Gebrauch nehmen – die einfachste Handlung im von Ketten, Vorhängen, Kordeln, Kästchen und Pflanzen verstellten Raum setzt präziseste Anpassung der menschlichen Bewegungen an die Gegebenheiten der Dingwelt voraus: die Bewegung muß in der Spur bleiben, die im Dingdschungel freigelegt ist.

Das Mysterium der Brille

In seinem Welterfolgsroman »Der Name der Rose« hat *Umberto Eco* **unzählige feinsinnige Dispute und wunder=volle kulturhistorische Spekulationen eingebaut. Hier (in der Übersetzung von Burkhart Kroeber) philosophiert der weitgereiste Bruder William über eine mysteriöse Weltneuheit**

"Auch braucht man nicht immer nur Fenster zu reparieren. Ich habe in anderen Ländern Dinge aus Glas gesehen, die an eine Welt von morgen denken lassen, in welcher das Glas nicht nur im Dienst der Verehrung Gottes und seiner Kirche stehen wird, sondern auch im Dienst der Menschen, um ihnen zu helfen, ihre Schwächen zu überwinden. Ich möchte dir gern ein Werk unserer Tage zeigen, von dem ich mich glücklich schätze, ein überaus nützliches Exemplar zu besitzen." Mit diesen Worten griff William in seine Kutte und zog zur Verblüffung unseres wackeren Meisters seine Augengläser hervor.

Nicolas nahm das Gerät, das William ihm reichte, mit großer Neugier in beide Hände. *"Oculi de vitro cum capsula!"* rief er bewundernd aus. "Ich habe davon schon gehört. Ein gewisser Fra Giordano, den ich früher einmal in Pisa kannte, sagte mir damals, sie seien vor etwa zwanzig Jahren erfunden worden. Aber das ist mehr als zwanzig Jahre her."

"Ich glaube, daß die Erfindung viel älter ist", sagte William. "Aber die Herstellung ist sehr schwierig und verlangt erfahrene Hände. Sie kostet Zeit und Arbeit. Vor zehn Jahren wurde in Bologna ein Paar dieser *vitrei ab oculos ad legendum* für sechs Silbergroschen verkauft. Ich hatte damals bereits ein Paar, das mir ein großer Meister, Salvino degli Armati, vor über zehn Jahren geschenkt hatte, und ich habe diese kostbaren Gläser während der ganzen Zeit so sorgsam gehütet, als wären sie – was sie inzwischen tatsächlich geworden sind – ein Teil meines Körpers."
"Ich hoffe, du läßt sie mich irgendwann dieser Tage einmal genauer untersuchen. Es würde mir nicht mißfallen, ähnliche herzustellen", sagte Nicolas aufgeregt.
"Gewiß", erwiderte William. "Aber bedenke, daß die Form und Dicke der Linsen verschieden sein muß, je nachdem, an welches Auge sie sich anpassen sollen. Man muß eine ganze Reihe von Linsen direkt am Patienten ausprobieren, bevor man die richtigen für ihn gefunden hat."
"Wahrlich ein Wunder, ein echtes Wunder!" staunte Nicolas, immer noch ganz ergriffen. "Und doch werden viele, wenn sie das sehen, von Hexerei und Teufelswerk sprechen..."
"Sicher kann man bei diesen Dingen auch von Magie sprechen", gab William zu. "Doch es gibt zwei Arten von Magie. Die eine ist Teufelswerk und zielt darauf ab, die Menschen durch Machenschaften, von denen zu sprechen sich nicht geziemt, zu zerstören. Die andere aber ist Gottes Werk, und sie liegt immer dann vor, wenn die göttliche Weisheit sich in der menschlichen Wissenschaft ausdrückt mit dem Ziel, die Natur

zu verändern und das Leben der Menschen zu verlängern. Dies ist zweifellos eine heilige Magie, der die Wissenschaftler sich mehr und mehr zuwenden sollten. Nicht nur, um Neues zu entdecken, sondern auch, um die vielen Geheimnisse der Natur wieder freizulegen, die Gottes Weisheit bereits den Juden und Griechen und anderen antiken Völkern offenbart hatte und die Gott auch heute noch manchen Ungläubigen offenbart (du glaubst gar nicht, wie viele Wunderdinge der Optik oder der Wissenschaft vom Sehen sich in den Schriften der Ungläubigen finden!). All diese Kenntnisse muß eine christliche Wissenschaft sich wieder aneignen und sich gewissermaßen zurückholen von den Heiden und Ungläubigen *tamquam ab iniustis possessoribus*."

"Aber warum lassen dann diejenigen«, fragte Nicolas interessiert, "die bereits im Besitz dieser Wissenschaft sind, nicht das ganze Gottesvolk an ihr teilhaben?"

"Weil nicht das ganze Gottesvolk reif ist für so viele Geheimnisse", antwortete mein Meister. "Und es ist ja auch oft schon geschehen, daß die Inhaber dieser Wissenschaft mit dämonischen Magiern verwechselt wurden, mit Leuten, die sich dem Teufel verschrieben hatten und nun mit ihrem Leben bezahlen mußten für ihren Wunsch, die anderen teilhaben zu lassen an ihrem Wissensschatz. Ich selber mußte mich in meiner früheren Tätigkeit bei Prozessen, bei denen es um den Verdacht des Umgangs mit dem Dämon ging, oft sorgsam vor dem Gebrauch dieser Linsen hüten und mir die Akten von Sekretären vorlesen lassen, um nicht in einer Zeit, in der die Präsenz des Teufels so nahe schien, daß alle schon sozusagen den Schwefel rochen, der Komplizenschaft mit dem Angeklagten verdächtigt zu werden. Im übrigen hat schon der große Roger Bacon zu Recht darauf hingewiesen, daß nicht alle Geheimnisse der Wissenschaft in alle Hände gelangen dürfen, da einige sie für üble Zwecke mißbrauchen könnten. Oft muß der Wissende Bücher als magisch ausgeben, die gar nicht magisch sind, sondern durchaus von guter Wissenschaft, um sie vor indiskreten Augen zu schützen."

"Dann fürchtest du also, daß die Laien schlechten Gebrauch von diesen Geheimnissen machen könnten?" wollte Nicolas wissen.

"Bei den Laien fürchte ich nur, daß sie sich von ihnen erschrecken lassen und sie mit jenem Teufelswerk verwechseln, von dem unsere Prediger allzuoft sprechen. Stell dir vor, ich habe sehr tüchtige Ärzte gekannt, die hervorragende Medizinen zu mischen wußten, mit denen sie schlimme Krankheiten unverzüglich zu heilen vermochten. Aber den Laien verabreichten sie ihre Salben und Säfte nur unter Hezitation von heiligen Worten und Sprüchen, die wie Gebete klangen. Nicht weil diese Sprüche irgendeine heilende Kraft gehabt hätten, sondern damit die Patienten glaubten, während sie das Zeug schluckten oder sich damit einreiben ließen, daß die Heilung durch die Gebete käme, so daß sie gesund wurden, ohne allzusehr auf die Medikamente zu achten. Außerdem hat der Körper, wenn die Seele auf rechte Weise zum Vertrauen in die fromme Formel gebracht wird, mehr Aufnahmebereitschaft für die heilende Wirkung der Medikamente. Oft jedoch müssen die Schätze der Wissenschaft nicht so sehr vor den Laien verborgen

werden als vielmehr vor den anderen Wissenschaftlern. Heutzutage werden Wundermaschinen ge baut, von denen ich dir eines Tages erzählen werde, Wundermaschinen, sage ich dir, mit denen man effektiv und realiter den Lauf der Natur zu ändern vermag. Doch wehe, wenn sie in die Hände von Leuten fallen, die sie zur Ausweitung ihrer irdischen Macht benutzen oder zur Befriedigung ihrer Besitzgier! In Kathai, so ist mir berichtet worden, soll es einem Weisen gelungen sein, ein Pulver herzustellen, das bei Berührung mit Feuer einen gewaltigen Knall und eine große Flamme hervorbringt und alle Dinge im Umkreis von vielen Klaftern zerstört. Ein treffliches Mittel, wenn es zur Urbarmachung des Bodens benutzt wird, etwa um Flüsse umzuleiten oder um Felsbrocken zu zertrümmern: Was aber, wenn es jemand benutzt, um seinen persönlichen Feinden zu schaden?"
"Das wäre vielleicht gar nicht so schlecht, wenn es sich um Feinde des Gottesvolkes handelt", meinte Nicolas fromm.
"Ja, vielleicht", nickte William. "Aber wer ist heute der Feind des Gottesvolkes? Ludwig der Kaiser oder Johannes der Papst?"
"O Gott, nein!" rief Nicolas erschrocken aus. "So was Schwieriges möchte ich nicht entscheiden müssen!"
"Siehst du?" sagte William. "Manchmal ist es ganz gut, wenn gewisse Geheimnisse unter okkulten Reden verborgen bleiben. Die Geheimnisse der Natur werden nicht in Ziegen- und Rinder häuten aufbewahrt. Aristoteles sagt im Buch der verborgenen Dinge, wenn man zu viele Geheimnisse der Natur und der Kunst verrät, zerbricht ein himmlisches Siegel, und viele

Übel könnten die Folge sein. Das soll nun gewiß nicht heißen, daß die Geheimnisse niemals aufgedeckt werden dürften, wohl aber, daß es allein den Wissenden und Gelehrten zukommt, über das Wie und Wann zu entscheiden.“

”Und deswegen ist es gut, daß an Orten wie diesem hier“, sagte Nicolas, ”nicht alle Bücher für jedermann zugänglich sind.“

Aus dem Lexikon

Um über alle den literarischen Anwendungen und seltsamen Blickwinkeln auf und durch die Brille nicht ganz verwirrt zu werden, sei hier eine kleine Klärung eingerückt: In dem *Brockhaus Konversations-Lexikon* **von 1892 ist sie so definiert**

Brille, entstanden aus Beryll, ein Apparat, der dicht vor den Augen angebracht wird, entweder zu dem Zwecke, die Sehschäfte der Augen im allgemeinen oder für eine bestimmte Entfernung zu bessern, oder den Sehachsen eine bestimmte Richtung anzuweisen, oder die Augen vor zu hellem Lichte, vor Verletzungen, Staub, Zugluft u.s.w. zu schützen. Nach den verschiedenen Zwecken unterscheidet man: 1) Brillen für bestimmte Entferungen, 2) Prismenbrillen, 3) Schutzbrillen, 4) Stenopäische Brillen, 5) Schielbrillen

Die Brille

Vom berühmten Lehrer Lempel bis zum "Schneider-Schneider-Mäck-Mäck-Mäck" sind die meisten bedeutsamen und zentralen Figuren von mit Brillen ausgestattet. Hiesige Sehgläser entfachen ein regelrechtes Familiendrama

Wilhelm Busch

Des Mittags, als es zwölfe war,
Setzt sich zu Tisch der Herr Aktuar.

Er schaut bedenklich, ernst und stille
Die Suppe an durch seine Brille.

Und durch die Bille, scharf und klar,
entdeckt er gleich ein langes Haar.

"Nun!" – sprach die Frau – "das kann wohl mal passieren!
Hast du mich lieb, so wird's dich nicht genieren!"

Er aber kehrt sich schleunigst um
Und holt die Flasche, die voll Rum.

Er trinkt und ist so sehr verstockt,
Daß selbst die Wurst ihn nicht verlockt.

"Ach!" denkt die Frau, "wie wird das enden!"
Und sucht die Flasche zu entwenden.

Doch hierin kennt er keinen Spaß:
"Gleich stell sie her! Sonst gibt es was!"

Und schon ergreift er mit der Hand
Den Stock, der in der Ecke stand.

Die Frau versucht zu fliehn; indes
Der Hakenstock verhindert es.

Ein Schlag, gar wohl gezielt und tüchtig,
Trifft und zerbricht die Flasche richtig.

Nun nimmt die Frau die Sache krumm
Und kehrt sich zur Attacke um.

Sie hat die Brill' und freut sich sehr,
Der Mann steht da und sieht nichts mehr.

Er tappt herum als blinder Mann,
Ob er den Feind nicht finden kann.

Und tappt in seiner blinden Wut –
Autsch! – an des Ofens heiße Glut.

Er dreht sich um, und allbereits
Brennt ihn der Ofen anderseits.

Nun aber wird die Wut erst groß –
Was es auch sei – er haut drauflos.

Die Suppenschüssel, Wurst und Glas
Wird ruiniert, der Hund wird naß.

Und Frau und Hund entfliehn; doch er
Fällt mit dem Stuhl schnell hinterher.

Voll Eifer will er nach, und ach!
Rennt an die Tür mit großem Krach.

Nun ist's zu Ende mit dem Rasen!
Das rote Blut rinnt aus der Nasen.

Und demutsvoll und flehentlich
Bemüht er um die Brille sich.

Er nimmt mit Freud' und Dankgefühl
Die Brille von dem Besenstiel.

So triumphiert das brave Weib,
Die Wurst hat Tapp, der Hund, im Leib.

Efraim

Georg Efraim
ist ganz sicher eine
der beeindruckendsten,
weil eine der eigenwilligsten
Figuren des großen Erzählers
Alfred Andersch. **Eine seiner Schrullen in dem Roman**
»Efraim« ist es, eben einmal alle
seine Schrullen festzuhalten.
Er tut dies, wie man sieht,
mit mäßigem Erfolg, aber
jedenfalls scharfsichtig:

Anläßlich Lidias verzichte ich nun doch auf den Plan, meine Gewohnheiten einmal zusammenfassend zu schildern. In dem Konvolut des bisher Geschilderten blätternd, stelle ich fest, daß ich nicht nur meine Leserei, sondern auch das meiste von dem, was als periodische Wiederkehr, als Bimbam und Ticktack mein Leben skandiert, schon erwähnt habe, wie eben jetzt meine sexuellen Usancen. Bei den verschiedensten Gelegenheiten habe ich klargemacht, daß ich gerne esse, jedoch nur mäßig trinke. Ich habe die Angewohnheit, beim Essen zu lesen, schlafe nach dem Mittagessen, rauche täglich ein Päckchen Zigaretten, tanze gern und bin Autofahrer. Auch habe ich darauf hingewießen, daß ich keine Familie besitze, pedantisch bis geizig bin, gern spazierengehe und mir manchmal einen Film ansehe oder ein Konzert anhöre. Soll ich noch hinzufügen, daß mein Stuhlgang regelmäßig ist und ich mich überhaupt in bester körperlicher Kondition befinde? Zu der Absicht, diese ganze Routine einmal ausführlich zu behandeln, bewegte mich der Gedanke, der Leser dieser Blätter – vorausgesetzt, es wird je ein solches Wesen geben! –, könnte zu dem Schluß kommen, ich sei ein bedauernswerter Fall. Davon kann nicht dic Rede sein. Ich bin beneidenswert unabhängig und weiß durchaus das Leben zu genießen. Ich bin alles andere als ein Roquentin, ein existentiell Angeekelter. Ich esse gern, liebe die Kunst, und mein Verhältnis zur Reinheit ist ein platonischer Tick, weiter nichts. Bin ich nicht, objektiv betrachtet, eher ein glücklicher als ein unglücklicher Mensch?

...

Noch ein anderer Umstand wollte mich veranlassen, diese Ornamente meines Alltags einmal gehörig auszuleuchten – eine Frage des schriftstellerischen Metiers, wcnnich so sagen darf. Beispielsweise bin ich Brillenträger, und ich hätte es gern geschafft, mein ganzcs Buch hindurch Brillenträger zu sein. Ich bin gezwungen, Gläser in der hohen Schärfe von minus zehn Dioptrien zu tragen, was dazu führt, daß ich die Welt entweder sehr scharf, oder, wenn ich die Brille abnehme, sehr verschwommen, in vage Farb-Inseln sich auflösend, sehe. Ein Schriftsteller sollte es, so meine ich, fertigbringen, eine so wichtige Eigenschaft einer Figur dem Leser ständig präsent zu halten. Ich fürchte, das ist mir nicht gleungen, und es ist sicherlich zwecklos, das Versäumte nachzuholen, indem ich es irgendwo summarisch und isoliert darstelle.

Vom Elend des Brillengestells

Eine sehr spezielle, jedenfalls unbedingt sehr genau zu lesende Untersuchung über Brillenträger legt *Bernhard Mitterauer* **vor. – Zum Verrücktwerden**

Von den Diagnosen und Spontanäußerungen brillentragender Patienten wissen wir, daß sie fast alle schwere depressive Stimmungen erlebt und durchlitten haben. Tabelle 30 zeigt jedoch abweichende Mittelwerte der Antworten pro Probanden im Vergleich zu den Berufstätigen und Studenten. Und zwar unter dem Kriterium der drei Brillengewichtsklassen. Sowohl die Manipulationsantworten (8,0 bis 4,8) als auch die Erinnerungen an Mißempfindungen (2,0 bis 0,7) sind im Vergelich zur leichten Kategorie unter 30 g in der Gewichtsklasse über 40 g stark vermindert.

Dieses Phänomen, daß sich Patienten mit schwerer Brille weniger beeinträchtigt fühlen, kann auf mehrfache Weise erklärt werden:

1. Es liegt im Wesen der schweren (psychotischen) Depression, daß für diesen Zustand eine beträchtliche Erinnerungslücke vorhanden sein kann (American Psychiatric Association 1980, *Frith* und Mitarbeiter 1983).
2. Die meisten Patienten standen zum Zeitpunkt der Testung unter einer antidepressiven bzw. psycho-

pharmakologischen Therapie. Unter einer solchen Medikation ist die Schmerzempfindung mehr oder weniger herabgesetzt.
3. Der Gehemmt-Depressive ist aufgrund der Antriebslosigkeit motorisch weniger aktiv, so auch in seinem Manipulationsverhalten mit der Brille.
4. Wir haben in den Falldarstellungen die Medikation deshalb genau angegeben, damit zumindest der Arzt abschätzen kann, unter welchen pharmakolischen Einflüssen der Test durchgeführt wurde. Die meisten der angegebenen Medikamente beeinträchtigen in höherer Dosis auch das Gedächtnis des Patienten.
Nicht zuletzt wissen wir von *Silk* (1980), daß die Brille bei Geisteskranken eine ganz besondere Rolle spielen kann. Dabei ist eine bunte Palette von totaler Ablehnung bis hin zu einem sehr variationsreichen Manipulieren zu beobachten.

Die statistische Analyse erlaubt folgende grundlegende Aussagen:
1. Manipulationen und Mißempfindungen werden grundsätzlich von allen Brillenträgern bei eingehender Befragung zugegeben.
2. Mit zunehmender Dauer des Brillentragens oder bei höherem Gewicht der Brille nehmen Manipulationsantworten und Mißempfindungesangeaben zwar etwas ab, bleiben aber weiterhin bestehen.
Die mehrjährige Testerfahrung und die so wichtigen Spontanäußerungen der Probanden eröffnen uns aber noch einen weiteren Zusammenhang: Durch Befragung wird der Brillenträger erst auf seine Manipulationen und Mißempfindungen aufmerksam.

Das Elend des Brillengestells ist seinem Träger meist nur vorbewußt. Es muß erst bewußt gemacht werden. Der Begriff des Vorbewußten wird hier in Anlehung an *Freud* (1968, 1900) gebraucht. Mit Vorbewußtsein ist gemeint, "daß die Erinnerungsvorgänge in demselben ohne weitere Aufhaltung zum Bewußtsein gelangen können, falls noch gewisse Bedingungen erfüllt sind, zum Beipsiel die Erreichung einer gewissen Intensität, eine gewisse Verteilung jener Funktion, die man Aufmerksamkeit zu nennen hat" (*Freud* 1968, S. 546). Macht man nämlich einen Menschen mit geeigneter Methode auf die Manipulationen mit seiner Brille aufmerksam und weist ihn auf die fast immer vorhandenen Druckstellen hin, dann kommt meist das ganze Elend wie eine Lawine ins Rollen.

Schließlich konnte gezeigt werden, daß die vielzitierte Gewöhnung an die Brille eigentlich eine Teilgewöhnung im Sinne der Reizabschwächung ist, da sie nur teilweise eintritt und Manipulationen zu Sitzkorrektur sowie vorbewußte Mißempfindungen bestehen bleiben. Gewiß, wie bereits in Kapitel IV dargelegt wurde, leistet das Gehirn – soweit es sich um die Druckstellen handelt – in vielen Fällen eine Gewöhnung, den schlechten Sitz muß es jedoch durch direkte oder/und indirekte Manipulationen weiterhin korrigieren. Das geradezu unglaubliche Phänomen, daß den meisten Brillenträgern ihr Manipulationsverhalten nicht voll bewußt ist, könnte darin begründet sein, daß sich vor allem die Manipulationen zur Sitzkorrektur (wie Zurechtrücken, Grimassieren, etc.) sehr rasch automatisieren und daher nicht mehr als bewußte Sitzkorrektur wahrgenommen werden.

Ferner kann kein Zweifel sein, daß das Manipulationsverhalten sowie das Ausmaß der Gewöhnung über die verschiedensten individuellen Reaktionsmuster gestreut ist. Beobachtungen, Kommentare der Probanden, objektive Hautbefunde (Druckstellen, Tönungen, etc.) und unsere Methode der Bewußtmachung sind dafür beweisend, daß eine totale Gewöhnung an das Brillengestellt fast nie eintritt. Totale Gewöhnung würde nämlich bedeuten, daß das Verhalten des Brillenträgers und sein Befinden nach einer gewissen Zeit wieder so sind wie in der Zeit, in der er noch keine Brille getragen hat. Das ist aber nicht der Fall, da weiterhin Sitzkorrekturen durch Handlungen ausgeführt werden, die sich normalerweise nicht im Repertoire von nichtbrillentragenden Personen finden. Das Manipulationsverhalten beruht daher in streg biologischem Sinn auf einem Lerneffekt. Der Brillenträger ist gezwungen, neue Handlungsstrategien zu erlernen, um den mangelhaften Sitz der Brille laufend zu korrigieren.
Da viele Probanden in depressiven Stimmungen die Brille als besonders belastend empfinden, scheint es unumgägnlich, darauf noch etwas näher einzugehen. Überlegt man sich, daß zur Zeit auf der Welt einige hundert Millionen Menschen an Depressionen leiden (*Sartorius* 1979, *Hagnell* und Mitarbeiter 1982), so dürfte es – von der psychiatrischen Krankengruppe abgesehen – nicht an der Auswahl unserer Probanden liegen, daß viele von ihnen bereits depressive Verstimmungen durchgemacht haben. Man hat lange geglaubt, daß das Risiko, depressiv zu werden, bei Frauen zwei- bis dreimal höher ist als bei Männern.

Egeland und *Hostetter* (1983) haben aber nachgewiesen, daß bei der amerikanischen Volksgruppe der Amish kein Unterschied zwischen Frauen und Männern besteht, was das Erkrankungsrisiko für die endogene Depression betrifft. *Angst* (1983) stellt fest, daß Männer weniger über Symptome berichten, die auf depressive Episoden hinweisen. Wir haben die Erfahrung gemacht, daß sehr viel von der Formulierung der Fragen abhängt, ob sich ein Mann zu Depressionssymptomen "bekennt". Die von uns entwickelte Fragetechnik im Sinne eines semistrukturierten Fragebogens, wo den Probanden die Fragen erklärt werden und die Erinnerung aktiv angeregt wird, führte bei den Männern zu einer ähnlich häufigen Relevanz von Fragen zur Depression wie bei den Frauen: Von den 12, das depressive Zustandsbild betreffenden Fragestellungen waren bei den Frauen 10,6, bei den Männern 10,1 Items in der eigenen Befindlichkeit vorhanden. Also sowohl Männer als auch Frauen fühlten sich bei 10 von 12 Fragen zur Depression angesprochen.

Hamilton (1982) erkennt in der Depression einen Stressor, der zur Überbelastung führt. Es wundert uns daher nicht, daß viele Brillenträger in einem derartigen Zustand die Brille herunternehmen, weil sie diese Zusatzbelastung nicht mehr ertragen können.

Stimmungsschwankungen vom Ausmaß einer Depression bringen aber auch häufig Veränderungen des Körpergewichtes mit sich (*Hopkinson* 1981). Man kann sich vorstellen, daß sich eine Gewichtsabnahme von 10 bis 15 kg auch am Kopf manifestiert. In der Depression ist meist nicht nur die Muskulatur (Gesichts-

muskulatur) schlaff, sondern es kommt zusätzlich noch zur Abnahme des Unterhautfettgewebes. Der Volksmund beschreibt das Gesicht eines Depressiven treffen: "Dem hängt alles herunter." Kein Wunder, wenn in einem solchen Zustand die Brille noch schlechter sitzt als beim Gesunden. Auf diese Spielart des Elends des Brillengestells haben uns einige Probanden spontan – ohne Befragung – aufmerksam gemacht.
Was am Beispiel der Depression als Stressor kurz diskutiert wurde, gilt selbstverständlich für alle möglichen Arten von Überbelastung. Im Sinne der Thematik dieses Buches möchten wir dieses Kapitel mit folgender erschütternden Erkenntnis schließen:

Fast alle Brillenträger werden durch das Brillengestell beeinträchtigt. Kommen weitere Belastungen (innerer oder äußerer Streß) hinzu, so ist das Brillengestell an der Entstehung von Überbelastungsphänomenen (wie körperliche und seelische Krankheiten) mitbeteiligt.

Ihr glücklichen Augen

Die Dichterin so vieler klarsichtiger Gedichte und des großen »Malinka«-Romans,
Ingeborg Bachmann, **schrieb eine kleinere Erzählung, deren Hauptfigur vollkommen beherrscht wird von einer philsosophisch begründeten Brillen-Verweigerung**

Georg Groddeck in memoriam

Mit 2,5 rechts und 3,5 links hat es angefangen, erinnert sich Miranda, aber jetzt hat sie, harmonisch, auf jedem Auge 7,5 Dioptrien. Der Nahpunkt beim Sehen ist also abnorm nah gerückt, der Fernpunkt auch näher. Das Brillenrezept wollte sie einmal auswendig lernen, um auch nach einem Unfall, etwa auf einer Reise, sich sofort neue Gläser machen lassen zu können. Sie hat es bleiben lassen, weil dazu noch ihr Astigmatismus kommt, der die Angaben kompliziert, und diese zweite Deformation ängstigt sie, denn ganz wird sie nie verstehen, warum ihre Meridiane gestört sind und nirgends die gleiche Brechkraft haben. Auch der Ausdruck "Stab- und Zerrsichtigkeit" verheißt ihr nichts Gutes, und sie sagt zu Josef mit wichtigtuender Stimme : Zerrsichtigkeit, verstehst du, das ist ärger als Blindsein.

Es kann aber vorkommen, daß Miranda ihre kranken optischen Systeme als ein "Geschenk des Himmels" empfindet. Mit solchen, dem Himmel, Gott und den Heiligen vermachten Aussprüchen ist sie rasch zur Hand – ja, ein Geschenk sind sie, wenn auch vielleicht nur ein ererbtes. Denn es erstaunt sie, wie die anderen Menschen das jeden Tag aushalten, was sie sehen und mit ansehen müssen. Oder leiden die anderen nicht so sehr darunter, weil sie kein andres System haben, die Welt zu sehen? Es könnte das normale Sehen, inklusive des normalen Astigmatismus, die Leute ja ganz abstumpfen, und Miranda müßte sich nicht mehr vorwerfen, mit einem Privileg, mit einer Auszeichnung zu leben.
Bestimmt würde Miranda Josef nicht weniger lieben, wenn sie seine gelblich verfärbten Zähne jedesmal bei einem Lachen sehen müßte. Sie weiß aus der Nähe, wie diese Zähne sind, aber sie denkt unbehaglich an eine Möglichkeit von "immerzu sehen". Es würde ihr wahrscheinlich auch nichts ausmachen, an manchen Tagen, wenn er müde ist, durch Faltenfelder um seine Augen erschreckt zu werden. Trotzdem ist es ihr lieber, daß dieses genaue Sehen ihr erspart bleibt und ihr Gefühl dadurch nicht beeinträchtigt und geschwächt werden kann. Sie merkt sowieso augenblicklich – weil sie Mitteilungen auf andren Wellen empfängt –, ob Josef müde ist, warum er müde ist, ob er übermütig lacht oder gequält. So scharf abgebildet wie andre braucht sie ihn nicht vor sich zu haben, sie mustert niemand, fotografiert Menschen nicht mit einem Brillenblick, sondern malt sie in ihrer eignen, von andren Eindrücken bestimmten Manier und Josef end-

lich ist ihr wirklich gelungen, von Anfang an. Auf den ersten Blick hat sie sich in ihn verliebt, obwohl jeder Augenarzt darüber den Kopf schütteln würde, weil Mirandas erste Blicke nur katastrophale Irrtümer ergeben dürften. Aber sie besteht auf ihrem ersten Blick, und von allen Männern ist Josef derjenige, mit dessen frühen Skizzen und späteren, erweiterten Entwürfen, im Hellen, im Dunkeln und in allen erdenklichen Situationen Miranda ganz zufrieden ist.

Mit Hilfe einer winzigen Korrektion – der durch die Zerstreuungslinse –, mit einem auf die Nase gestülpten goldenen Brillengestell, kann Miranda in die Hölle sehen. Dieses Inferno hat nie aufgehört, für sie an Schrecken zu verlieren. Darum sieht sie sich, immer auf der Hut, vorsichtig um in einem Restaurant, eh sie die Brille aufsetzt, um die Speisekarte zu lesen, oder auf der Straße, wenn sie ein Taxi herbeiwinken will, denn wenn sie nicht achtgibt, kommt in ihr Blickfeld, was sie nie mehr vergessen kann: Sie sieht ein verkrüppeltes Kind oder einen Zwerg oder eine Frau mit einem amputierten Arm, doch solche Figuren sind wirklich nur die grellsten, auffallendsten inmitten einer Anhäufung von unglücklichen, hämischen, verdammten, von Demütigungen oder Verbrechen beschriebenen Gesichtern, unträumbaren Visagen. Und deren Ausdünstung, diese globale Emanation von Häßlichkeit, treibt ihr die Tränen in die Augen, läßt sie den Boden unter den Füßen verlieren, und damit das nicht eintritt, liest sie rasch die Speisekarte und versucht blitzschnell, ein Taxi von einem Privatauto zu unterscheiden, dann steckt sie die Brille weg, sie braucht nur eine kleine Information. Weiter

will sie nichts wissen. (Einmal, um sich zu strafen, ist sie einen ganzen Tag lang mit der Brille durch Wien gegangen, durch mehrere Bezirke, und sie hält es nicht für richtig, diesen Gang zu wiederholen. Es ginge über ihre Kraft, und sie braucht die ganze Kraft, um mit der Welt zurechtzukommen, die sie kennt.)
Mirandas Entschuldigungen, weil sie nicht grüßt oder nicht zurückgegrüßt hat, werden von einigen Leuten nicht ernst genommen, von anderen als dumme Ausrede abgetan oder für eine besondere Form der Arroganz gehalten. Stasi sagt beinahe gehässig:
Dann setz doch eine Brille auf!
Nein, nie, niemals, erwidert Miranda, das bringe ich nicht über mich. Würdest du denn eine tragen?
Stasi kontert:
Ich? Wieso denn ich? Ich sehe doch anständig.
Anständig, denkt Miranda, wieso anständig? Und etwas kleinlaut forscht sie: Aber daß man es aus Eitelkeit nicht tut, das würdest du verstehen?
Stasi läßt Miranda ohne Antwort, und das heißt: nicht nur diese sagenhafte Einbildung, sondern eitel ist sie auch noch, und dieses sagenhafte Glück, das sie obendrein immer hat mit den Männern, falls es wahr ist, aber aus diesem zurückhaltenden Josef war ja nicht klug zu werden.
Zu Josef sagt Miranda:
Stasi ist jetzt viel gelöster, so nett war sie früher nie, ich glaube, sie ist verliebt, jedenfalls muß da etwas sein, was ihr guttut. Was will der nun eigentlich von ihr, die Scheidung und das Kind? Ich verstehe diese ganze Geschichte nicht.
Josef ist zerstreut, als wüßte er nicht recht, von wem

die Rede ist. Doch, er findet auch, Stasi sei angenehmer geworden, beinahe frequentabel, vielleicht liege das an Bertis ärztlichen Kunststücken oder sogar an Miranda und ihnen allen, denn Stasi war einfach zermürbt gewesen, schon ganz widerwärtig geworden von all dem Unglück, aber jetzt bekomme sie das Kind doch zugesprochen. Das hört Miranda zum erstenmal, und sie hört es von Josef. Sie will gleich Stasi anrufen und sich freuen, dann ist ihr einen Moment lang kalt, sie schaut nach, ob das Fenster offen ist, es ist aber zu, Josef schaut wieder in die Zeitung, Miranda auf das Dach vis-à-vis. Wie finster es in dieser Gasse ist, zu teuer und zu finster in all diesen Häusern, auf einer Hinrichtungsstätte aus der guten alten Zeit.
Miranda hat im Arabia-Espresso gewartet, jetzt wird es Zeit, sie zahlt, geht, prallt mit dem Kopf gegen die Glastür des Espressos, reibt sich die Stirn, das wird wieder eine Beule geben, wo die alte kaum vergangen ist, Eisstücke müßte sie sofort haben, aber woher nimmt sie jetzt Eisstücke? Glastüren sind feindlicher als Menschen, denn nie hört Miranda zu hoffen auf, daß die Menschen auf sie aufpassen werden, wie Josef es tut, und schon lächelt sie wieder vertrauensvoll auf dem Trottoir. Sie kann sich allerdings irren, denn Josef wollte entweder zuerst zur Bank und dann in die Buchhandlung, oder umgekehrt, und so steht sie auf dem Graben und versucht, ihn herauszufinden unter allen, die über den Graben gehen, und dann stellt sie sich in die Wollzeile mit verschwommenen aufgerissenen Augen. Sie blickt abwechselnd in Richtung Rotenturmstraße und in Richtung Parkring, sie vermutet ihn bald in der Nähe, bald in der Ferne, ah, jetzt

kommt er doch von der Rotenturmstraße, und sie freut sich auf einen wildfremden Mann, der aber abrupt aus ihrer Zuneigung entlassen wird, wenn er als Nicht-Josef erkannt ist. Dann fängt die Erwartung wieder an, wird immer heftiger, und in ihrer nebelhaften Welt gibt es zuletzt, mit Verspätung, doch eine Art Sonnenaufgang, der Dunstvorhang zerreißt, denn Josef ist da, sie hängt sich ein und geht glücklich weiter.

Die verhangene Welt, in der Miranda nur etwas Bestimmtes will, nämlich Josef, ist die einzige, in der ihr, trotz allem, wohl ist. Die präzisere, von Gnaden des Wiener Brillenstudios, der ausländischen Rivalen Söhnges und Götte, ob aus Bleiglas, aus leichtem Glas oder Plastik oder gesichtet durch die modernsten Haftschalen – Miranda wird sie nie akzeptieren. Sie gibt sich zwar Mühe, sie versucht es, weigert sich unversehens, bekommt Kopfschmerzen, ihre Augen tränen, sie muß im verdunkelten Zimmer liegen, und einmal, vor dem Opernball, aber wirklich nur, um Josef zu überraschen, hat sie sich diese teuren deutschen Haftschalen aus München kommen lassen und auf der Rechnung den Werbeslogan gelesen: Immer das Gute im Auge behalten. Über ein schwarzes Tuch gebeugt, hat sie versucht, die winzigen Dinger einzusetzen, die Vorschriften memorierend, blind von narkotisierenden Augentropfen, und dann war doch die eine Haftschale verloren, nie wiederzufinden im Bad, in den Abfluß der Dusche gesprungen oder auf den Kacheln zerschellt, und die andere war unter Mirandas Lid, hoch oben in den Augapfel, gerutscht. Bis zu Bertis Eintreffen, trotz Tränenströmen, war nichts zu machen gewesen, dann noch eine Stunde, trotz Bertis kundiger Hand, wieder nichts, Miranda will sich nicht erinnern können, wie und wann Berti die Linse gefunden und entfernt hat, und sie beteuert noch hie und da: Ich jedenfalls habe mein Möglichstes getan.

Auch Josef vergißt manchmal, wenn er mit ihr spricht, daß er es nicht gerade mit einer Blinden, aber mit einem Grenzgänger zu tun hat und wohlbekannte Dinge Miranda nicht recht bekannt sind, daß aber ihre Unsicherheit produktiv ist. Obwohl sie zaghaft aussieht, ist sie nicht schwächlich, sondern selbständig, eben weil sie genau weiß, was sich zusammenbraut in dem Dschungel, in dem sie lebt, und weil sie auf alles gefaßt ist. Da Miranda unkorrigierbar ist, muß die Wirklichkeit sich vorübergehend Veränderungen von ihr gefallen lassen. Sie vergrößert, verkleinert, sie dirigiert Baumschatten, Wolken und bewundert zwei schimmelgrüne Klumpen, weil sie weiß, das muß die Karlskirche sein, und im Wienerwald sieht sie nicht die Bäume, aber den Wald, atmet tief, versucht, sich zu orientieren.

Da, schau, der Bisamberg!

Es ist nur der Leopoldsberg, aber das macht nichts. Josef ist geduldig. Wo hast du denn wieder deine Brille? – Ach so, im Auto vergessen. Und warum sollte es nicht ausnahmsweise der Bisamberg sein? fragt sich Miranda und fleht den Leopoldsberg an, ihr eines Tages den Gefallen zu tun, der richtige Berg zu sein.

Zärtlich und vertrauensselig und immer halb gekuschelt an Josefs Hagerkeit nimmt sie die nächste Wurzelhürde auf dem Weg. "Zärtlich“ heißt nicht

nur, daß sie sich im Moment so fühlt, sondern zärtlich ist alles an Miranda, von ihrer Stimme bis zu ihren tastenden Füßen, einschließlich ihrer gesamten Funktion in der Welt, die einfach Zärtlichkeit sein dürfte.
Wenn Miranda in eine Wiener Straßenbahn steigt, in einem AK oder BK zwischen den Menschen schwankt, ohne zu merken, daß der nackte Haß den Kondukteur und die alte Frau mit dem falschen Billett regiert, daß die Nachdrängenden von der Tollwut befallen sind und die Nochnichtausgestiegenen die Mordlust im Blick haben, und wenn Miranda mit vielen Pardons zum »Ausstieg« gekommen ist, glücklich, daß sie den Schottenring rechtzeitig erkannt hat und ohne Hilfe die zwei Stufen hinunterfindet, dann denkt sie, daß die Menschen alle eigentlich »ungeheuer nett« sind, und diese anderen Menschen im AK, die sich entfernen, der Universität entgegen, wissen zwar nicht, warum die Stimmung besser ist, die Luft wieder atembar ist, nur dem Kondukteur fällt auf, daß jemand das Wechselgeld nicht genommen hat, wahrscheinlich die Frau, die an der Börse oder am Schottenring ausgestiegen ist. Fesche Person. Gute Beine. Er streicht das Geld ein.
Miranda verliert vieles, wo andren etwas genommen wird, und sie geht ungerührt an jemand vorüber, anstatt einen Zusammenstoß mit ihm zu haben. Oder sie hat einen Zusammenprall, aber dann war es ein Irrtum, ein reiner Zufall, verschuldet von ihr. Sie könnte Messen lesen lassen für alle Autofahrer, die sie nicht überfahren haben, dem hlg. Florian Kerzen stiften für jeden Tag, an dem ihre Wohnung nicht abgebrannt ist, wegen der angezündeten Zigaretten, die

sie weglegt, sucht und dann gottlob findet, wenn auch schon ein Loch in den Tisch gebrannt ist.
Traurig auch, ja, ein wenig traurig, wie viele Flecken, Brandspuren, überhitzte Kochplatten, ruinierte Kasserollen es in Mirandas Wohnung gibt. Aber es geht doch immer gut aus, und wenn Miranda die Tür öffnet, weil es geläutet hat, und unerwartet ein fremder Mensch dasteht, dann hat sie regelmäßig Glück. Es ist Onkel Hubert, es ist ihr alter Freund Robert, und sie wirft sich Onkel Hubert und Robert oder sonst jemand an den Hals. Zwar hätte es auch ein Hausierer oder ein Einbrecher sein können, der Schläger Novak oder der Frauenmörder, der noch immer den ersten Bezirk unsicher macht, aber zu Miranda in die Blutgasse kommen nur die besten Freunde. Die anderen Leute, die Miranda dann doch nicht erkennt, bei größeren Zusammenkünften, auf Parties, in den Theatern und Konzertsälen, die umgeben mit ihrer prickelnden Anwesenheit oder fraglichen Abwesenheit eine nicht ungesellige Miranda. Sie weiß bloß nicht, ob der Doktor Bucher zu ihr herübergegrüßt oder vielleicht doch nicht gegrüßt hat, und es könnte auch sein, der Größe und des Umfangs wegen, daß es Herr Langbein gewesen ist. Sie kommt zu keinem Schluß. In einer Welt von Alibis und Kontrollen rätselt Miranda – natürlich nicht an einem Welträtsel, an nichts von Bedeutung. Nur: will dieser Umriß Herr Langbein sein, oder will er es nicht sein? Es bleibt ein Geheimnis. Wo alle sich Klarheit verschaffen wollen, tritt Miranda zurück, nein, diesen Ehrgeiz hat sie nicht, und wo andre Geheimnisse wittern, hintenherum und hinter allem und jedem, da gibt es für Miranda nur ein Ge-

heimnis auf der ihr zugewandten Seite. Es genügen ihr zwei Meter Entfernung, und die Welt ist bereits undurchdringlich, ein Mensch undurchdringlich.
Im Musikverein ist ihr Gesicht das entspannteste, eine Oase des Friedens, in einem Saal, in dem sie von gut zwanzig gestikulierenden Personen gesehen wird und selber niemand sieht. Sie hat es erlernt, die Nervosität in Räumen aufzugeben, in denen Menschen einander notieren, abschätzen, aufschreiben, abschreiben, meiden, beäugen. Sie träumt nicht, sie ruht einfach aus. Denn was den anderen ihre Seelenruhe ist, das ist Miranda ihre Augenruhe. Ihre Handschuhe machen sich leise davon und fallen unter den Sessel. Miranda spürt etwas an ihrem Bein, sie fürchtet, versehentlich das Bein ihres Nachbarn gestreift zu haben, sie murmelt: Pardon. Ein Stuhlbein hat sich in Miranda verliebt. Josef hebt das Programmheft auf, Miranda lächelt unsicher und versucht, ihre Beine streng und gerade zu halten. Herr Doktor Bucher, der nicht Herr Langbein ist, sondern Herr Kopetzky, sitzt beleidigt drei Reihen hinter ihr, nach Gründen suchend für die Wankelmütigkeit dieser Frau, für die er beinahe einmal alles, aber auch alles –
Josef fragt:
Hast du deine Brille?
Aber natürlich, sagt Miranda und gräbt in ihrer Handtasche. Ihr ist, als hätte sie außerdem Handschuhe mitgehabt, aber das sagt sie Josef besser nicht, nein, ihre Brille, das ist eigentümlich, sie muß also doch im Bad oder direkt neben dem Eingang oder im anderen Mantel oder, Miranda versteht es nicht, aber sie sagt geschwind:

Nein, du, hab ich nicht. Aber ich brauche doch nichts zu sehen in einem Konzert.
Josef schweigt, bewegt von seinem Leitmotiv in bezug auf Miranda: Mein argloser Engel.
Für Miranda haben andere Frauen keine Defekte, es sind Wesen, die weder Haare auf der Oberlippe noch auf den Beinen haben, die immer frisiert sind, ohne Poren und Unebenheiten, ohne Pickel und nikotinfarbene Finger, nein, nur sie kämpft einsam gegen ihre Unvollkommenheit vor dem Rasierspiegel, der einmal Josef gehört hat und indem sie sieht, wovon sie hofft, daß Josef es barmherzig übersehen könnte. Danach aber, wenn Miranda Selbstkritik geübt hat, stellt sie sich vor den milden Biedermeierspiegel im Schlafzimmer und findet sich "passabel", "es geht", es ist gar nicht so schlimm, und da täuscht sie sich auch, aber Miranda lebt ja zwischen einem Dutzend Möglichkeiten, sich zu täuschen, und zwischen der günstigsten und der ungünstigsten balanciert sie jeden Tag durch ihr Leben.
Miranda besitzt in guten Zeiten drei Brillen: eine geschliffene Sonnenbrille mit einem goldenen, schwarzeingelegten Gestell, dann eine leicht transparente billige fürs Haus und eine Reservebrille, in der ein Glas locker ist und die ihr angeblich nicht steht. Außerdem dürfte sie auf ein früheres Rezept zurückgehen, denn aus dieser "Reserve" sieht Miranda alles "daneben".
Es gibt Zeiten, in denen alle drei Brillen gleichzeitig verlegt, verschwunden, verloren sind, und dann weiß Miranda nicht mehr weiter. Josef kommt schon vor acht Uhr morgens aus der Prinz-Eugen-Straße und sucht die ganze Wohnung ab, er schimpft Miranda, er

verdächtigt die Bedienerin und die Handwerker, aber Miranda weiß, daß niemand stiehlt, es liegt eben alles an ihr. Da Miranda die Wirklichkeit nicht toleriert, aber doch nicht ohne einige Anhaltspunkte weiterkommt, unternimmt die Wirklichkeit von Zeit zu Zeit kleine Rachefeldzüge gegen sie. Miranda begreift das, sie nickt den Objekten, der sie umgebenden Kulisse, komplizenhaft zu, und die komische Falte, die sie hat, wo sie noch keine haben müßte, vom angestrengten Augenauf und -zumachen, wird an solchen Tagen tiefer. Josef verspricht, gleich zum Optiker zu gehen, denn Miranda kann ohne Brille nicht existieren, und sie dankt ihm, umklammert ihn plötzlich furchtvoll und möchte etwas sagen, aber nicht nur, weil er gekommen ist und ihr hilft, sondern weil er ihr hilft zu sehen und weiterzusehen. Miranda weiß nicht, was ihr fehlt, und sie möchte sagen, so hilf mir doch! Und zusammenhanglos denkt sie, sie ist eben schöner als ich.

In der Woche, in der Miranda warten muß und nicht ausgehen kann und den Überblick verliert, muß Josef zweimal mit Anastasia abends essen gehen, um sie wegen der Scheidung zu beraten. Nach dem ersten Mal ruft Stasi am nächsten Morgen an, nach dem zweiten Mal nicht mehr.

Ja, wir waren beim Römischen Kaiser. Gräßlich. Schlecht sei es gewesen, das Essen, und kalt sei ihr gewesen.

Und Miranda kann nicht antworten, denn für sie ist der Römische Kaiser der schönste und beste Platz in Wien, weil Josef dort zum erstenmal mit ihr essen war, und nun soll das auf einmal der gräßlichste –

Miranda, hörst du mich ? Also, wie gesagt. Nachher noch in der Eden-Bar. Schauderhaft. Ein Publikum!
Es mußte ganz gewiß etwas unter Stasis Begriff von Publikum geben, aber was mochte das sein? Miranda atmet wieder ruhiger. In der Eden-Bar ist sie nie mit Josef gewesen, ein winziger Trost ist das. Tut die bloß so oder ist die so?
Stasi versichert ihr, nach einer weiteren halben Stunde von Ausführlichkeiten: Jedenfalls hast du nichts versäumt.
So würde sie das nicht nennen, ”nichts versäumt“, denn sie fürchtet, alles zu versäumen in diesen Tagen. Diese Woche will kein Ende nehmen, und jeder Tag hat einen Abend, an dem Josef verhindert ist. Dann ist die Brille fertig, er bringt sie schon ein paar Stunden später vom Optiker, aber es passiert gleich wieder. Miranda ist fassungslos, sie muß sich hinlegen, warten und ausrechnen, wann Josef in seiner Prinz-Eugen-Straße angekommen ist. Sie erreicht ihn endlich, sie weiß nicht, wie sie es anfangen soll, ihm zu sagen, daß die neue Brille ins Waschbecken gefallen ist.
Ja, du, ins Lavoir. Ich komm mir invalid vor, ich kann nicht ausgehen, ich kann niemand sehen. Du verstehst.
Josef sagt aus dem IV. Bezirk herüber:
Eine schöne Bescherung. Aber du bist doch schon oft ohne Brille ausgegangen.
Ja aber. Miranda weiß nichts Überzeugendes vorzubringen. Ja aber, jetzt ist das anders, denn sonst hab ich sie wenigstens in der Tasche.
Nein, das hast du nicht. Ich bitte schon sehr!
Wir wollen doch nicht deswegen, flüstert Miranda, bitte, wie klingst du denn?

Wie soll ich denn klingen?
Anders. Eben anders.
Und da keine Antwort kommt, sagt sie schnell:
Doch, Lieber, ich komme mit, ich fühle mich nur so unsicher, gestern bin ich beinahe, ja, fast, nicht ganz, ohnmächtig, wirklich, es ist scheußlich, ich habe die Reserve ja probiert. Alles "daneben", verzerrt. Du verstehst schon.
Wenn Josef so schweigt, dann hat er nicht verstanden. Bedauerlicherweise hat das keine Logik für mich, sagt der andersklingende Josef und hängt ein...

Weitere Bücher in der »Reihe ETIKETT«

Ablauf der Dinge

113 Ding-Gedichte von Thomas Schwab

128 Seiten, DM 26, ÖS 190, SFr 26

ISBN 3 929232 13 8

Die Rosa Ziege

Eine Legende aus der Kunstwelt

von Martin Roda Becher

96 Seiten, DM 26, ÖS 1900, SFr 26

ISBN 3 929232 27 8 **(zum Herbst 96)**

Fluchtweg

Collage-Roman von Adelheid Seltmann

112 Seiten, DM 26, ÖS 190, SFr 26

ISBN 3 929232 15 4

Die Bibliothek von Fort Knox

eingerichtet durch Emanuele Bevilacqua

übersetzt von Susanne Bertels und Adriana Merlini

96 Seiten, DM 22, ÖS 160, SFr 22

ISBN 3 929232 25 1 **(zum Frühjahr 97)**

Eine Prima Saison

Roman von Josef Skvorecky

übersetzt von Marcela Euler

ca. 240 Seiten, DM 28, ÖS 200, SFr 28

ISBN 3 929232 32 4 **(zum Sommer 97)**

Das LeuchtKäferSyndrom

Erzählung von Jörg-Wolfgang Schmoller

112 Seiten, DM 26, ÖS 190, SFr 26

ISBN 3 929232 19 7

Luzifers Lightshow

Gedichte von Harry Oberländer

96 Seiten, DM 22, ÖS 160, SFr 22

ISBN 3 929232 22 7

Flug ins Nichts

Satirischer Bericht aus der Wirtschaftswelt

von Dr. Bernard Tucker

272 Seiten, DM 30, ÖS 220, SFr 30

ISBN 3 929232 28 6 (zum Winter 96 / 97)

Die Orgelpfeifen von Flandern

Novelle von Alban Nikolai Herbst

80 Seiten, DM 22, ÖS 160, SFr 22

ISBN 3 929232 11 1

Alle unsere Bücher hat Ihr Buchhändler vorrätig oder besorgt sie gerne. Näheres zum fortlaufenden Programm, über die Autoren und ihre Bücher im

axel dielmann — verlag

Eckenheimer Landstraße 57 B
60318 Frankfurt am Main,
Telefon 069 / 55 17 12 oder Fax 069 / 59 97 36

(Seien Sie ruhig neugierig....!)

Reihe **ETIKETT**